作者简介

孙 文 1976年出生于河北省泊头市，南开大学管理学博士，高级经济师，高级人力资源管理师。曾任天津理工大学经济与管理学院讲师、国电谏壁发电厂副厂长（挂职），现任职于国家能源投资集团有限公司、中国国电集团有限公司。在《管理世界》《中国工业经济》《南开管理评论》《经济体制改革》《人口与经济》等国家重点期刊发表论文多篇。

央企控股上市公司董事会治理有效性研究

孙 文 ◎ 著

人民日报学术文库

人民日报出版社

图书在版编目（CIP）数据

央企控股上市公司董事会治理有效性研究／孙文著.—北京：
人民日报出版社，2017.11
ISBN 978-7-5115-5073-6

Ⅰ.①央… Ⅱ.①孙… Ⅲ.①上市公司—董事会—企业管理—
研究—中国 Ⅳ.①F279.246

中国版本图书馆 CIP 数据核字（2017）第 264774 号

书　　　名：**央企控股上市公司董事会治理有效性研究**
著　　　者：孙　文

出 版 人：董　伟
责任编辑：梁雪云
封面设计：中联学林

出版发行：**人民日报**出版社
社　　　址：北京金台西路 2 号
邮政编码：100733
发行热线：（010）65369509　65369846　95363528　65369512
邮购热线：（010）65369530　65363527
编辑热线：（010）65369526
网　　　址：www. peopledailypress. com
经　　　销：新华书店
印　　　刷：三河市华东印刷有限公司

开　　　本：710mm×1000mm　1/16
字　　　数：213 千字
印　　　张：14
印　　　次：2018 年 1 月第 1 版　　2018 年 1 月第 1 次印刷

书　　　号：ISBN 978-7-5115-5073-6
定　　　价：68.00 元

序

　　20世纪90年代初，美国政治学家、哈佛教授亨廷顿关于"文明冲突"的观点引起了广泛关注，二十多年过去了，各种文明之间的冲突在国际政治经济秩序重新构建过程中不断得到印证。然而，商业文明在两个重要方面却出现了大同的趋势，一个是会计成为了国际通用的商业语言，另一个是公司治理成为了国际通用的企业制度安排。换句话说，规范的会计体系和规范的公司治理结构是现代国际社会中一家公认优秀公司的必备条件。公司治理属于一个舶来语，它起源于美国，英文是 corporate governance，公司治理在我国引起广泛关注应该起始于20世纪90年代末的金融危机，1999年，十五届四中全会首次在国家官方层面明确提出了"公司治理"这一概念，这标志着公司治理成为我国现代企业制度建设的重要内容。

　　我国企业在公司治理引入初期，主要走的是复制西方国家公司治理模式的快捷路径，从而在较短的时间内建立了法人治理结构，股东会、董事会、监事会等在大多数企业已经在形式上存在，但由于忽视了公司治理结构背后的治理机制、治理文化、治理边界等更深层次的因素，导致出现了大股东掏空、内部人控制、董事会"形似而神不似"等一系列公司治理的共性问题。在问题的牵引下，我国企业的公司治理建设不断深化，对公司治理机制等深层次的制度性因素更加重视，经过20多年的研究和实践探索，中国企业的公司治理不断完善和提升。作为 G20 成员国，中国已于2015年签署了《G20/OECD 公司治理原则》，这意味着我国的公司治理将与国际标准全面接轨。

国有企业作为由中央政府或地方政府投资控制的企业，是中国特色社会主义的重要物质基础和政治基础，完善国有企业法人治理结构是推进国家治理体系和治理能力现代化的重要内容，中共中央、国务院印发的《关于深化国有企业改革的指导意见》指出，到 2020 年国有企业公司制改革基本完成，法人治理结构更加健全。2017 年 4 月 24 日，国务院印发《关于进一步完善国有企业法人治理结构的指导意见》，对改进国有企业法人治理结构，完善国有企业现代企业制度提出了具体要求。习近平总书记在全国国有企业党的建设工作会议上提出的"两个一以贯之"的战略思想更是为国有企业改革指明了方向。这意味着，国有企业现代企业制度建设经过 20 多年的实践探索进入了公司治理深化改革和创新的新阶段，要敢于打破西方国家公司治理模式的思想束缚，探索建立中国特色现代国有企业公司治理模式，在明确和落实党组织在公司法人治理结构中的法定地位的前提下，把提升以董事会治理为重点的公司治理有效性作为国有企业公司治理改革的核心主题。

由国务院国资委履行出资人职责的中央企业是深化国有企业改革的风向标，2005 年，国务院国资委启动了首批央企董事会试点改革，经过十多年的改革探索，大多数中央企业已经建立董事会，从实践情况看，一些董事会取得了明显成效，但也有一些董事会未能发挥应有的作用，边界不清、约束不够、缺乏制衡、治理错位等问题较为突出。因此，建立一个有效而非虚设的董事会成为现阶段深化中央企业公司治理改革的一个重大理论和实践问题，中央企业公司治理有什么特殊性？董事会治理的短板在哪里？一个有效的董事会有哪些特征？哪些董事会治理因素较好地发挥了作用？这些问题都需要基于中央企业特殊制度背景的答案和解决方案，这不仅仅来自抽象化的理论演绎，更应该来自情景化的中央企业实证数据和案例。

尽管关于中央企业董事会治理问题有诸多的研究切入点，但遵循研究"小题大做"的基本思路，考虑到个人的知识积累和力求有所创新的目标，最终选择了从公司财务行为视角对中央企业控股上市公司董事会治理有效性进行研究探索。选择中央企业控股上市公司作为样本进行研究主要考虑四方面的因素：一是中央企业控股上市公司在中国资本市场发挥着举足轻重的作用，具有重要的研究价值；二是中央企业控股上市公司引领着中央企业及国有企业改革发展的方向，董事会治理具有典型示范效应；三是中央企业控股上市公司兼具上市公司的一般性和国有企业的特殊性，更有利于发现董事会治理的中国模式；四是相对于中央企业而言，其控股上市公司的信息更容易公开获得。

对中央企业控股上市公司董事会治理有效性的研究重点考虑治理结构和治理机制两方面的因素，把"行政型治理"与"经济型治理"的融合与共存作为中央企业控股上市公司董事会治理发挥作用最为重要的制度背景和理论前提，以能否有效履行董事会职能作为衡量中央企业控股上市公司董事会治理有效性的判定标准，从公司财务决策职能的视角，利用企业过度投资和现金持有两种关键财务决策行为对中央企业控股上市公司董事会治理有效性问题进行了实证检验与分析，在此基础上进一步探究了中央企业控股上市公司董事会治理对公司绩效影响的作用机理。为了从整体上分析中央企业控股上市公司董事会治理的有效性，采用了南开大学中国公司治理研究院开发的中国上市公司治理评价系统所生成的董事会治理指数作为衡量董事会治理整体状况的替代变量，对董事会治理的整体有效性进行了实证检验。研究结论在一定程度上揭示了行政型治理对经济型治理的影响以及在行政型治理背景下哪些董事会治理结构与机制能够发挥效用，进而为中央企业控股上市公司董事会治理结构与机制的完善提供了经验数据支持。研究发现，中央企业控股上市公司董事会治理在总体上是有效的，特别是董事会运作、董事会组织结构和独立董事制度等方面的董事会治理因素作用显著，这为中央企业控股上市公司及国有企业完善法人治理结构提高董事会治理有效性提供了有意义的经验数据支持。

"不识庐山真面目，只缘身在此山中"。跳出研究本身来看，中央企业董事会建设是一个非常复杂的课题，尽管本研究得出了一些看似有意义的结论，但把董事会生动的组织行为抽象成冰冷的数据，必然会忽略掉很多有价值的信息，甚至忽略掉的可能是蝴蝶效应中引发飓风的蝴蝶扇动的那一下翅膀，所以发现的真相也许未必是真相。在实践中，中央企业董事会建设还处在稳妥推进的探索过程中，但已经越来越多地触及一些实质性的问题，例如，国务院国资委正在推动的开展落实中央企业董事会职权试点工作，就明确提出切实落实和维护董事会依法行使中长期发展决策权和经理层成员选聘权、业绩考核权、薪酬管理权以及职工工资分配管理权等，推动形成各司其职、各负其责、协调运转、有效制衡的公司治理机制。对此，作为中央企业从事公司治理相关工作的其中一员，我会在现有研究的基础上持续关注中央企业公司治理改革的实践，努力从更宽广的视角分析思考，并积极寻求更多机会参与其中，我想这也是开展该研究的真正意义所在。

目　录
CONTENTS

第一章　治理有效性：公司治理发展新趋势 ……………………… 1

第二章　公司治理有效性研究文献综述 …………………………… 7

第一节　我国国有企业公司治理研究　7

一、对国有股权存在必要性的探讨　8

二、国有企业行政型治理模式存在的主要问题　11

三、国有企业经济型治理有效性的相关研究　16

第二节　基于公司绩效的公司治理有效性研究　18

一、股东治理与公司绩效　18

二、董事会治理与公司绩效　23

第三节　基于公司财务行为的公司治理有效性研究　28

小结　31

第三章　从行政型治理向经济型治理的制度转型 ……………… 33

第一节　国有企业从行政型治理向经济型治理的演进　33

一、我国国有企业改革与管理体制演进　34

二、国有控股上市公司行政型治理存在的制度原因　37

三、股权分置与股权分置改革　43

第二节　中央企业及其管理体制发展演进　47

一、中央企业的历史沿革　47

二、国资委监管下的中央企业管理体制　53

三、国有独资公司董事会建设　55

第三节　行政型治理与经济型治理融合下的董事会治理有效性模型　56

一、中央企业控股上市公司的行政型治理特征　56

二、中央企业控股上市公司董事会治理有效性的界定　61

三、行政型治理与经济型治理融合下的董事会治理有效性分析模型　66

小结　70

第四章　中央企业控股上市公司董事会治理状况 ……………………… 72

第一节　中央企业控股上市公司样本状况　72

一、中央企业控股上市公司分析样本构成　72

二、中央企业控股上市公司隶属中央企业的分布状况　74

三、中央企业控股上市公司样本行业分布状况　75

四、非央企国有控股和民营控股上市公司参照分析样本　77

第二节　中央企业控股上市公司董事会治理指数分析　78

一、中国上市公司董事会治理评价与指数　78

二、中央企业控股上市公司董事会治理总体分析　81

三、中央企业控股上市公司董事会治理分指数分析　83

第三节　中央企业控股上市公司股权结构与董事会治理特征　86

一、中央企业控股上市公司股权结构特征　87

二、中央企业控股上市公司董事会治理特征分析　93

小结　101

第五章　董事会治理对公司财务行为影响的实证分析 ……………… 103

第一节　研究设计　103

一、如何衡量董事会治理有效性　103

二、样本选择与数据说明 107

第二节 董事会治理对投资行为影响的实证分析 108

一、研究假设 108

二、实证模型与变量说明 112

三、实证检验和结果分析 116

第三节 董事会治理对现金持有行为影响的实证分析 131

一、研究假设 131

二、实证模型与变量说明 134

三、实证检验和结果分析 139

小结 146

第六章 董事会治理到公司绩效传导机制的实证分析 ················· 148

第一节 研究设计 148

一、如何衡量董事会治理对公司绩效影响的传导机制 148

二、研究假设 150

第二节 董事会治理对公司绩效影响的实证分析 154

一、实证模型和变量说明 154

二、实证检验和结果分析 158

第三节 企业投资行为与现金持有行为对公司绩效的影响 161

一、实证模型 161

二、实证检验和结果分析 162

第四节 董事会治理对公司绩效作用传导机制的实证分析 164

一、回归分析中的中介效应和调节效应 164

二、董事会治理对公司绩效作用传导机制的实证检验 167

三、实证检验和结果分析 168

小结 171

第七章　结论与研究展望 ……………………………… 173

　　一、研究结论　173

　　二、研究展望　175

参考文献 ……………………………………………… 179

附　录 ……………………………………………… 198

后　记 ……………………………………………… 208

致　谢 ……………………………………………… 211

第一章

治理有效性：公司治理发展新趋势

20 世纪 90 年代末爆发的亚洲金融危机将公司治理研究推入一个新的阶段，公司治理成为探究亚洲金融危机爆发的最重要的视角之一（Johnson 等，2000），转轨和新兴市场经济国家的公司治理问题开始引起了普遍关注（Claessens，2000；Walker，2000；Pajuste，2002；Allen，2005），公司治理研究开始进入了全球化阶段。转轨和新兴经济国家由于在政治经济体制、法律环境、政府职能以及社会文化等方面与英美日德等市场经济发达国家存在明显不同，导致它们的公司治理模式与机制具有典型的特殊性，因此，对转轨和新兴经济国家公司治理的研究往往以不完善的市场、不健全的法律体系、政府在其中的作用以及制度变迁等作为出发点。Allen（2005）认为，在新兴市场经济国家，由于市场机制不完善，以股东利益最大化为目标的英美公司治理模式并不适合，利益相关者的利益最大化可能才是优化资源配置的最佳考虑。Klapper（2002）认为，在新兴市场经济国家，法律制度的不健全决定了中小股东利益不能得到有效保障，而这些国家的社会文化传统决定了法律制度的完善需要一个比较长期的过程，因此，在完善法律制度的同时，更应该注重现有法律制度的执行；Erik 等（2000）注意到在转轨经济国家，由于法律的缺失，在私有化过程中造成了公司腐败的大量发生。Spivey 和 Stephen（2004）探讨了政府在公司治理中的作用，他们认为在新兴市场经济国家，政府在公司治理中的作用比较复杂，因为政府往往参与公司的事务，但是政府应该更多地在促进信息透明和维护市场公正方面发挥作用。Qian

（2000）结合中国的法律背景和文化背景，也强调了政府在公司治理中的重要作用。为了验证在转轨经济国家和新兴市场经济国家公司治理的有效性，大量的实证研究文献在 20 世纪 90 年代末开始涌现（Becht，1999；Chen，2000；Goodwin 等，2000；Black 和 Bernard，2001；Abdel，2003；Black、Jang 和 Kim，2003；Sung，2003；Marek，2006、Tam，2007）。对公司治理的关注从欧美国家扩展到转轨经济和新兴市场国家并非仅仅源于金融危机与公司丑闻的发生，而是因为在现代社会经济环境下，公司治理对一个国家资本市场的发展具有重要的影响，这种影响最终会传递到整个国家的经济增长（Levine，1997；Randall 等，2004）。世界银行行长 Wolfensohn（1999）指出，公司治理对世界经济的影响将和治理国家一样重要。

在对公司治理的关注从欧美国家扩展到新兴经济国家和转轨经济国家的同时，中国的公司治理问题引起了全球学者的特别关注，就像其他领域对涉及中国问题研究的态度一样，中国的公司治理研究作为全球公司治理研究的一个重要部分，它既不能简单地划归新兴经济国家，更不适于划归转轨经济国家，这是因为中国有着自己独特的制度背景（Qian，2000）。新兴经济国家公司治理受到关注的主要原因在于亚洲金融危机的发生，而中国公司治理受到关注则主要源自对中国连续二十几年的经济持续增长之谜的求解（Braendle 等，2005）。对中国公司治理的研究主要集中于国有企业公司治理和上市公司治理两个方面（Donald，2003），国有企业一直在中国经济中发挥着重要作用，绝对不能低估国有企业对中国经济发展的战略重要性，国有企业的公司治理是影响中国经济未来繁荣的一个关键因素（Martin 等，2007）；上市公司在中国经济增长中发挥着越来越重要的作用，在一定程度上成为衡量经济增长的指示器，上市公司治理是推动中国企业改革的最有效的途径（Yuan 等，2007），这些观点也在国内外中国公司治理的研究文献中得到了体现①。我国的国有企业改革是伴随着改革开放而逐步推进的，中国改革开放已经经历了三十多年的历程，在这一历程中，我国国有企业改革经历了计划经济体制下的改革、以建立现代企业制度为主要内容的改革、以企业制度创新为重点的改革等几个关键阶段。与此相适应，我国国有企业管理体制演进也大致经历了政府直接管理、厂长（经理）负责制、形式法人治理结构和法人治理结构实质建设四个阶段。这意味着，我国国有企业改革已经进入了公司治理新阶段（李维安，2001），公司治理制度体系的有效性将直接决定我国国有企业改革的效率和成败。从这个意义上来讲，中国公司治理问题的关键和难点在于有效解决国有企业特别是国有控股上市公司的治理问题，这也是进一步推进国有企业改革的重要前提。

在我国的国有企业中，中央企业占有举足轻重的地位，特别是在以国资委履行出资人职责的国有资产监管体制确立后，中央企业的地位更为凸显。据统计，从 2002 年到 2008 年，中央企业资产总额从 7.13 万亿元增长到 17.7 万亿元，年均增长 1.76 万亿元；销售收入从 3.36 万亿元增长到 11.9 万亿元，年均增长 1.42 万亿元；上缴税金从 2914.8 亿元增长到 9914 亿元，年均增长 1166.5 亿元②。中央企业控股上市公司作为中央企业系统的重要组成部分，对促进中央企业发展起到了非常关键的作用，同时，其对我国资本市场的稳定发展也至关重要。为了进一步增强中央企业的竞争力，中央企业加速了建立现代企业制度和法人治理结构的改革进程：一方面，国务院国资委在国家独资的中央企业施行了以董事会建设为核心的公司治理改革试点；另一方面，国务院国资委加快了推动中央企业整体上市的步伐。在这种背景下，中央企业控股上市公司治理成为我国国有企业公司治理实务和研究中更具挑战性的课题。

---

① 通过国内 CNKI 学术检索系统的检索可以发现，中国公司治理的实证研究文献绝大多数都集中于对上市公司的研究，这一方面可能是源于上市公司的数据更容易通过年报获得；另一方面则是因为上市公司在中国经济中的地位日益重要；同时，对国有企业公司治理的研究也在公司治理研究文献中占有非常高的比重。通过国际学术研究网站"社会科学研究网络（SSRN）"的检索可以发现，国际上对中国公司治理的研究主要集中于 "state-owned enterprises" "Chinese Listed Companies" "Ownership Structure" 和 "Political Control" 等几个关键词。

② 资料来源：樊曦，中央企业平稳发展，新华网，2009 年 3 月 2 日

我国学术界和实务界对国有企业改革几十年探索达成了一个广泛共识，只有建立规范的公司治理结构和机制才能够真正实现国有企业改革的目标。但是，对究竟何种公司治理模式适于我国的国有企业、我国国有企业现有的公司治理结构和机制是否有效等问题还存在较大分歧。基于此，我国学术界对国有企业公司治理的研究集中于我国特殊的政治经济背景下的公司治理制度体系的有效性，并从宏观和微观两个层面进行了探索：一是着眼于从整个国有经济制度设计的宏观层面上分析国有企业公司治理的理论框架和实践模式的有效性；二是立足于公司治理结构和机制分析的微观层面上，通过实证分析和案例研究，检验国有企业微观公司治理结构和机制的有效性（罗仲伟，2008）。由于当前我国已经确立了国有企业的公司治理模式，因而在宏观层面对公司治理框架的探讨只能停留在理论层面，更多的研究选择了通过实证分析从微观层面探讨公司治理结构和机制的有效性，这相对更具现实意义。

在国内众多的国有企业公司治理研究文献中，对两个问题的研究最为集中：其一为上市公司的股权结构与大股东行为（谷书堂，李维安，高明华，1999；陈小悦等，2001，2003；刘林，2005；沈艺峰等，2007），其二为董事会治理机制及其有效性（孙永祥，2000；于东智，2001；何卫东，2002；曾德明等，2003；李维安等，2005，2007）。在对第一个问题的研究中存在很大的争议，争议的焦点集中在：我国的经济体制和制度、法律背景决定了我国上市公司大多数处于国有控股状态，国有控股的上市公司效率如何？什么样的制度设计能够保障国有控股上市公司效率的实现？在对第二个问题的研究中，对董事会制度上有效性的理论分析基本不存在分歧，董事会治理被一致认为是公司治理的核心问题，争议的焦点在于实证研究的结论为董事会有效性提供的证据大相径庭。而且在这些实证研究文献中，大多文献选择将公司绩效作为评判公司治理有效性的依据，而较少选择受公司治理影响更为直接的公司行为性因素，这可能会使得研究结论更多地受到其他外部因素的干扰。

关于国有企业公司治理的研究文献无疑为我们奠定了一个良好的研究基础，但是由于中央企业控股上市公司的特殊性，特别是其典型的行政型治理模式所导致的政府过度干预和控制，对产生于西方制度背景下的董事会治理结构与机制的有效性产生了极大的影响。在这种背景下，中央企业控股上市公司治理有效性的研究重点应该聚焦于作为经济型治理制度安排的董事会治理结构与机制受到行政型治理的影响能否确保董事会有效履行其职能，实现科学决策，进而改善公司绩效。为此，本文的研究以中央企业行政型治理和经济型治理的共存作为理论前提，以公司财务行为作为董事会决策职能履行的衡量标准，把董事会治理对公司财务行为的影响机制作为董事会治理有效性的判断依据，并且对董事会治理与公司财务行为对公司绩效的共同作用进行系统分析。

在对中国上市公司股权结构和大股东行为进行研究的过程中，国有大股东由于其特殊性引起研究者的广泛关注（Netter，2001；Cole，2002；Loukas，2005）。受中国传统的经济体制和制度、法律环境的影响，国有大股东在中国上市公司的大量存在成为一种典型的路径依赖下由外生环境决定的公司治理的制度安排，国内外学术界对国有企业公司治理和国有大股东及其行为的研究也大量集中在中国上市公司这个重要载体上（Hovey，1997，2006；Clarke，2003；Mattlin，2007），中国上市公司成为研究国有股东治理问题的最重要的样本。在数目众多的中国国有控股上市公司中，由中央政府委派的出资人直接或间接担任大股东的中央企业控股上市公司占有非常重要的地位，其主体是由国务院国有资产监督管理委员会及其所属中央企业担任大股东的上市公司，这种类型的大股东与一般的国有股东存在明显的区别，其政府性质更为鲜明（William and Zhang，2003；Shi，2007），行政型治理的倾向也更为明显。因此，对中央企业控股上市公司董事会治理有效性的研究，能够进一步深化国有企业公司治理研究，特别是为探究行政型治理对经济型治理的影响机理提供理论支持和经验证据；同时，基于董事会职能履行的财务行为分析也为董事会治理有效性研究提供了一个新的视角。

中央企业控股上市公司在我国国民经济中的战略地位以及中央企业控股上市公司治理所处的发展阶段，决定了中央企业控股上市公司董事会治理有效性研究具有十分重要的现实意义。对上市公司而言，中央企业控股上市公司董事会治理有效性研究有助于更好地揭示公司治理状况及存在的主要问题，明晰中央企业控股上市公司治理改进的方向，完善与优化公司治理结构与机制。对监管部门而言，中央企业控股上市公司董事会治理有效性的研究结论也可以为上市公司或国有资产监管部门加强监管，明确公司治理导向提供决策支持。对国有独资公司而言，中央企业控股上市公司董事会治理有效性研究结论可以为国有独资公司董事会建设以及新上市的中央企业控股上市提供公司治理经验借鉴。此外，中央企业控股上市公司董事会治理有效性研究能够在一定程度上揭示董事会治理结构与机制的作用机理，为建立专门的中央企业控股上市公司董事会治理评价系统提供实证支持。

第二章

公司治理有效性研究文献综述

公司治理研究伴随公司治理实践的发展而发展，我国的公司治理研究与公司治理实践尚处于完善提升阶段，公司治理研究的理论基础和方法大多都是借鉴了西方国家的相关研究，并结合中国的特殊公司治理环境而展开。因此，中央企业控股上市公司治理有效性研究应该建立在一般的国有企业公司治理研究和公司治理有效性研究的基础之上。

第一节　我国国有企业公司治理研究

国有企业改革与公司治理在世界上许多国家都是一个非常重要的研究课题，这与国有企业的广泛存在有着密切的联系。根据经济合作与发展组织（OECD）的相关数据，在韩国、法国、意大利、瑞典、荷兰、芬兰等国家，国有企业的资产价值超过整个国家 GDP 的 20% 以上，同时国有企业还在就业方面占有相当重要的地位，这些企业主要存在于交通、能源、基础设施等行业（Mesnard，2005），因此，国有企业对这些国家的经济效率与国际竞争力有着直接的影响。在中国，由于以公有制为主体的经济制度的长期存在，国有企业的地位和作用更为突出，因此，国有企业的公司治理问题对整个国民经济的效率与持续发展具有决定性的作用。对中国国有企业公司治理的研究开始于 20 世纪 90 年代（吴敬琏，1994；钱颖一，1995；张春霖，1995；

李维安，1995；张维迎，1995），研究可以分为三个阶段：第一个阶段是从基础制度层面探索研究国有企业的性质、国有企业存在的必要性及其改革的方向；第二个阶段是研究对国有企业传统的行政型治理的特征及其存在的主要问题；第三个阶段主要集中于对国有企业经济型治理有效性的理论分析和实证研究。

一、对国有股权存在必要性的探讨

20 世纪 80 年代开始于英国的全球私有化浪潮，使得对国有企业的性质、国有股权存在的必要性以及国有企业改革方向的探索自然的成为学术理论界关注的焦点问题之一。学术界试图从多个角度对上述问题做出解释，其中国有企业与私有企业在功能、目标等方面的差异性成为解释国有企业存在的必要性及其改革方向的重要视角。国有企业的目标不同于私有企业的目标，即政府在定位国有企业的目标时，应与私有企业有所区别，Niskanen（1975）、Bos（1988）、Delbono 与 De Fraja（1987）、Rees（1988）认为国有企业是追求社会福利极大化的，而社会福利被定义为是消费者剩余与生产者剩余及利润之和。李仕明、唐小我（1998）认为国有企业应具有以下特征：（1）产权归国家所有或由国家控制；（2）由政府官员或由政府任命的代理人经营；（3）其经济目标受政府的控制和影响；（4）运行于不完全的市场环境。刘刚（2005）认为国有企业受到政府的影响，在政府行为存在多重目标的条件下，政治环境的变化导致国有产权改革中的政府行为的不确定性，并偏离产权改革的效率目标；在政府主导国有产权改革的条件下，对效率目标的偏离可能导致国有企业改革的失败。从国际经验来看，国有企业多维目标的存在是合理的，但是，国有企业的改革必须要解决好国有企业多维目标与效率之间的关系，这样以股权多元化为特征的产权改革成为国有企业改革的重要路径选择。在股权多元化背景下，对国有企业的探讨开始转移到对国有股权有效性的探讨，已有的理论文献对于国有股权的作用主要有两种观点，即"掠夺之手"和"帮助之手"（Frye 和 Shleifer，1997）。"掠夺之手"认为国有股权对于公司治理结构以及公司业绩都有消极影响。这是因为：（1）除了经济目标之外，作为国有股股东的政府还有政治目标，因而国有股权会带来严重的政府行政干预，歪曲资源的利润最优化配置，降低公司效率（Shleifer 和 Vishny，1994）；（2）根据不完全合约理论，某一缔约方权力越大，其承诺越不可信，政府拥有的强大力量导致了其承诺不可信，进而破坏政府信用，损害公司管理层和普通职工的工作积极性。"帮助之手"认为国有股权可以帮助企业经营发展，这表现为：（1）混合所有制公司中的政府作为税收征集者，发挥着大股东的作用，可以监督公司管理人员，防止内部人控制现象产生（David，1998），国有股权带来的政府监督，是在公司治理结构不完善，对管理人员缺乏有效的外部监管机制情况下的次优选择；（2）国有股东的引入可以保护公司免遭政府的恶意侵害。转型经济中的法律法规很不健全，公司的政府股东，特别是地方政府股东，会防止一些不合理的法律纠纷，甚至政府对公司的恶意掠夺。与理论上的激烈争论相对应，实证分析没有得出任何有关国有股权作用的结论性发现（Boardman 和 Vining，1989；La Porta 和 Florencio，1999；Anderson 等，2000）。

20 世纪 90 年代初，国内理论界与实践界也对国有企业存在的必要性以及改革的方向进行了研究探索。1990 年，周叔莲在《中国工业经济研究》杂志上发表了《国有制走到尽头了吗?》的文章，探讨国有企业存在的必要性，通过国际比较指出，国有企业由于目的和功能的特殊性，有存在的必要性，但必须要进行改革。随后，刘国光在《中国经济体制改革》杂志 1990 年第 11 期上发表了《中国国有制经济改革的探索》的文章，进一步指出，所有权与经营权分离不能概括国有经济改革的全部，国有制改革还要包括政府的管理职能与财产所有者职能分开，建立终极所有权，并将终极所有权与法人所有权分离。在随后的几年时间里，大量学者对该问题进行了研究探索（刘世锦，1992；黄少安，1993 等），这些研究所得出的一致结论是国有企业对中国经济的发展具有非常重要的意义，但是当前的国有企业存在效率低、产权模糊等问题，因此，必须要进行改革。这与国外学术界对国有企业研究的观点大相径庭，国外的主流观点认为相比于私有企业，国有企业效率低下，因此，应该对国有企业进行私有化改革（Shleifer and Vishny，1994）。事实上，国外学术界对国有企业改革的争论也没有停止过，其中的一个重要原因就是尽管理论上分析了国有企业的低效率，但是对私有化的实际效果的观察并没有取得一致的结论，Megginson 和 Netter（2001）对这种分歧的文献进行了汇总分析。

在对国有企业改革走向进行大讨论的背景下，中国政府 1993 年通过了《关于建立社会主义市场经济体制若干问题的决定》，规定国有企业改革的基本方向是建立现代企业制度。同一年的 12 月 29 日，第八届全国人大常委会五次会议通过了第一部《中华人民共和国公司法》，并于 1994 年 7 月 1 日开始实施，这标志着国有企业现代公司制的改革方向有了法律的保障。此时，对中国国有企业存在必要性和改革方向的探讨已经没有太大的现实意义，政治结构和国有产权的固定性已经成为国有企业改革面临的强制性约束（徐德信，2005）。而且进一步的研究表明，企业的私人产权并不一定能引致经济效率，国有企业改革关键的约束条件在于公司治理结构和相关制度的有效性，而建立有效的公司治理结构和相关制度是一个十分艰巨的任务，解决不了公司治理和制度建设问题，产权私有化本身没有什么价值（张春霖，1999）。基于这种认识，理论界和政策制定者在国有经济布局的战略性调整、国有企业战略性改组、国有资产战略性重组以及通过实现国有企业股权多元化来建立和完善公司法人治理结构等问题上达成了共识，这不仅标志着中国经济转型在市场经济制度的建立上迈出了实质性一步，而且将国有企业改革的力量集中到了健全有效的法人治理结构的主题上来（郑江淮，2002）。在这种背景下，对国有企业公司治理问题的研究成为中国情境下公司治理研究的核心是一种必然。

严格来讲，这一阶段对国有企业性质及其改革方向的探索不能完全属于公司治理的研究范畴，但是通过对这一阶段的研究，学术界在国有企业的性质以及国有企业改革的方向等问题上基本达成了共识，即尽管国有企业在某种意义上存在着低效率的问题，但由于其能弥补私有企业单纯追逐经济利益目标所导致的固有缺陷，国有企业的存在有其合理性和必然性；同时，国有企业改革的关键并不仅仅局限于私有还是公有的产权改革层面，而是如何通过建立与完善公司治理结构与机制来提高国有企业的效率。因此，这一阶段的研究为进一步研究国有企业公司治理问题提供了一个很好的铺垫，并有利于更清晰地界定国有企业公司治理研究的边界与范畴。

二、国有企业行政型治理模式存在的主要问题

从20世纪90年代中后期开始，对国有企业问题的关注开始摆脱了传统产权视角的束缚，学术界将更多的目光聚集于国有企业公司治理问题的研究，由于国有企业固有的制度安排，决定了国有企业公司治理必然具有一些典型的特征（Berckman等，2007）。李维安（1996）在对我国国有企业股份制改造进行研究时，指出中国国有企业的治理模式属于典型的行政型治理模式，它最典型的特征就是政企不分，企业治理行为行政化，这主要表现为资源分配行政化、经营目标行政化和经营者人事任命行政化，这一论述最精炼地概括了中国国有企业治理的特征。

其后，关于国有企业治理的研究基本围绕国有企业行政型治理模式存在的问题而展开。Shleifer和Vishny（1997）认为，导致国有企业低效率的原因之一就是政府对企业的干预与控制，这也是国有企业公司治理的典型特征之一；Lin等（1999）认为，国有企业与非国有企业的主要区别就是在于其存在政策负担，同时，国有企业股东与政府的双重身份而导致带来的软预算约束降低了国有企业公司治理的规范性；Lawrence（2001）认为，在东亚国家的国有企业中，政府与国有企业之间存在紧密地联系，这种政府控制下的国有企业成为国有企业公司治理的一个典型特征，他还进一步指出根据政府控制的特征，中国国有企业的公司治理可以分为两个阶段，即增强政府控制的阶段和降低政府控制的阶段；Shapiro和Willig（1990）认为，政府对国有企业的控制和干预往往会受到政治家个人利益的影响，他们特别是倾向于从与其政治关系的紧密程度而不是是否合格来影响雇佣经营者的决策；Boycko等（1996）认为，政府往往通过干预国有企业的雇佣政策来为自己赢得政治支持。

Shirley和Walsh（2001）认为，除了政府控制与干预以外，国有企业公

司治理的另外一个重要特征就是代理问题的复杂性，这是由于国有股权的高度分散，所有者无法或者不愿意实现对经营者的真正监督（Alchain，1965）；张维迎（1995，1999）认为，公有经济中的委托代理关系具有特殊性，它表现为两大等级体系，即从初始委托人（全民）到国家权力中心的自下而上的授权链，以及从权力中心到最终代理人（企业内部成员）的自上而下的授权链，政府作为联系双重体系的"关键人"，它既是初始委托人的代理人，又是最终代理人的委托人；杨瑞龙（1997）认为，国有制是国家代理全体人民行使公共产权的一种代理制，但国家一旦通过政权的力量获得代理权，就实际拥有生产性资源的剩余索取权和控制权，初始委托人缺乏行为能力，国家代理制就演变为国家所有制，但是国有制不完全等于全民所有制。Xu 等（2005）认为，国有企业存在典型的多重代理问题，这与国有企业的股权结构直接相关，这直接导致国有企业代理成本偏高；Su 等（2008）认为，国有企业由于股权结构的特殊性，其委托代理存在委托人与委托人的冲突，这使得委托代理关系比一般企业复杂。

　　国有企业委托代理关系复杂性的一个直接结果就是国有企业存在的内部人控制问题，这个问题最早由青木昌彦在分析转轨国家的公司治理时提出，他认为"在转轨国家中，在私有化的场合，大量的股权为内部人持有，在企业仍为国有的场合，在企业的重大决策中，内部人的利益得到有力的强调"（青木昌彦，1995）。从根本上说，国有企业不存在严格意义上的委托人，这是导致国有企业内部人控制的根本原因之一（Filatotchev 等，1999）。Berglof 等（2007）认为，在新兴市场经济国家的国有企业中，内部人控制问题尤为突出。高新伟（2006）认为，根据股权结构的不同，"内部人控制"可分为两种表现形式，在股权较为分散的公司，经营权与所有权高度分离，此时就可能导致非控股的经营者内部控制；在股权相对集中的公司，大股东或控股股东可以有效地对"内部人"进行控制，甚至直接成为公司"内部人"，这时主要表现为以大股东利益为导向的内部人控制。实际上，这种由外部大股东形成的内部人控制在亚洲的家族企业和中国的国有企业中非常典型，这种内部人控制往往通过大股东直接影响公司的经营者任命以及重大战略决策来实现（Harris 等，2007）。禹来（2002）认为，国有企业内部人控制形成的基础不同于股权分散化的一般企业，其产生根源在于国有股权集中情况下的外部人控制的存在，因此，对中国的国有企业而言，外部人控制有时可能比内部人控制更为严重。

在国有企业公司治理引起国际理论界关注的同时，中国国有企业的现代企业制度改革正在逐步推进，中国国有企业在由企业向公司转制的过程中开始了现代公司治理结构的探索（Broadman，2003）。此时，学术界对中国国有企业关注的焦点转向对国有企业公司治理的理论分析，这种理论分析更多的是问题导向式的，主要集中于分析中国国有企业公司治理存在的缺陷和主要问题（荣兆梓等，2005）。在对中国国有企业公司治理的理论分析中，"一股独大"被有的学者认为是中国国有企业特别是上市公司的典型特征（李维安等，2003；陈晓，2005），是产生国有企业其他问题的"万恶之源"（黄诗华，2002；聂长海等，2003）；颜旭若（2003）认为，在中国国有上市公司中绝对控股的一股独大状态的存在是由我国的特定政治文化背景决定的，但是一股独大并不是万恶之源，它对国有企业公司治理存在积极影响；进一步的研究还发现，不存在一股独大特点的国有企业在绩效上并没有表现出比一股独大的优势（王勇，2007）；但是，国有企业的一股独大不利于对大股东的制衡，从而更容易导致关联交易的产生，不利于公司治理机制的完善，为此，通过实施国有股减持，通过将国有股的所有权分配给利益不完全一致的政府机构和控股公司，增加控股股东的数量和相互间的制衡能力，改"一股独大"为"多股同大"将更有利于改善国有企业公司治理和保护中小投资者利益（陈晓等，2005）。

与国有企业一股独大并存的一个问题是政府控制与干预，夏立军等（2005）认为，对中国国有企业的研究不能仅仅关注股权结构，而应该更多地关注国有上市公司背后的政府行为，因为，在中国特殊的治理环境下，中国国有企业一股独大状态的存在使得政府控制与干预非常明显，政府干预与控制国有上市公司在中国是一种常态（孙铮等，2005）；而政府控制在中国国有上市公司的实现往往需要通过软预算约束、经营者任命与薪酬激励以及融资支持等途径。林毅夫等（2004）认为，政府过度干预所导致的政策性负担是国有企业软预算形成的重要原因，而软预算约束对国有企业公司治理有显著的负面影响。国有企业关键人事任命是政府干预国有企业的另一个重要方面，当然这种任命有可能是间接的，这种控制方式是导致国有上市公司效率偏低的一个重要原因（陈璇等，2006），进一步地说，政府往往会通过更为直接的方式影响经营者的薪酬，这一点在政府控制紧密的国有上市公司更为明显（辛清泉等，2007）。由于中国政府与银行以及资本市场之间的紧密关系，国有控股上市公司的债务融资与证券市场再融资往往会得到政府的支持，其对外担保行为也会受到这种关系的影响（罗党论等，2007）；唐任伍等（2007）认为，在上市公司再融资方面，政府也提供了明显向国有企业倾斜的制度安排，政府以不严格监管作为隐性担保满足国有企业上市筹资的行为偏好，在再融资环节不断降低发行要求，为国有企业配股或增发股票开了绿灯；江伟等（2006）通过对国有银行在对不同性质的公司发放长期贷款时是否存在着差别贷款的研究，发现国有上市公司能获得更多的长期债务融资，进一步的研究发现，在政府干预程度比较低的地区以及金融发展水平比较高的地区，国有银行对不同性质公司的差别贷款行为有所减弱，这说明政府干预对国有上市公司债务融资产生了直接影响。

中国国有企业与国有控股上市公司存在的另一个典型问题就是"所有者缺位"下的内部人控制，国有资本的非人格化，直接导致了"所有者缺位"或"所有者不到位"问题的出现，其直接结果就是国有企业或控股上市公司内部人控制的普遍存在（陈湘永等，2000）。周其仁（2000）利用公共过道对真正的所有者缺位状态所导致的内部人控制问题进行了演绎性的解释，他认为公共过道被攫取的主要原因是资源的法律产权和事实上的产权不相一致，这为国有企业"所有者缺位"下的内部人控制提供了很好的注解。在内部人控制的特点上，中国国有上市公司的内部人控制与国外存在明显的区别，杨利（2003）认为，我国国有企业的内部人控制是行政干预下的内部人控制，进一步来说，可以认为是国有大股东直接参与的外部人控制，但是这种外部人控制也是通过成为事实上的内部人而实现的（高新伟，2006），这就形成了中国国有上市公司治理"外部治理内部化，内部治理外部化"的行政型治理的特征（李维安等，2001）。张维迎（1995）认为，国有上市公司委托代理链过长是造成内部人控制的重要原因，因此，解决该问题最有效的方式就是尽可能地降低国有企业代理链的长度；李维安（2008）认为，中国国有上市公司的内部人控制往往是对董事会而言的，因为按照国有企业的管理传统，董事长是"一把手"，因此，董事会控制国有上市公司理所应当，当董事会超越了决策的边界，以董事会为代表的内部人控制就会出现，而当国有大股东过度干预时，董事会往往会处于"外部人控制"下的虚置状态。就中国的制度背景而言，国有企业所有者缺位下的董事会内部控制对公司运营的影响是双向的，一方面可以提高决策效率，另一方面则容易导致内部人侵占上市公司利益，此时，董事会治理结构与机制的完善尤为重要。

总的来看，委托代理关系的复杂性、政府干预与控制、内部人控制是国有企业公司治理面对的共同问题，而具体到中国的国有企业，由于制度背景与政治文化传统的差异，在这些方面又体现出中国的特殊情境。国有企业的公司制转型是形成中国国有上市公司一股独大的制度原因；中国政府与企业的"政企合一"的传统使得国有企业存在典型的政府依赖，进一步导致了对国有控股上市公司的高度的政府干预；由于控股股东的干预，中国国有企业的内部人控制则呈现"外部人主导的内部人控制"和"内部人主导的内部人控制"两种典型的形式。在分析国有股权所导致的一些问题的同时，也应该注意到国有股权对公司治理和企业价值具有正面影响，在转轨国家，私有化通常简单地以创造一个分散化的股东基础缩短了这一签约过程，从而使得稳定的均衡难以达到，结果就是投资者拥有很少的法律权利，且更易受到控制者机会主义行为的侵害（Coffee，1999），因此，国家拥有公司的控制权具有提高股票市场效率的作用。一方面，转轨经济中的法律法规很不健全，公司的政府股东，特别是地方政府股东，会防止一些不合理的法律纠纷，甚至政府对公司的恶意掠夺（Li，1996），国有股东的引入可以保护公司免受政府的恶意侵害。因此，Che 和 Qian（1998）认为政府所有制可以减少政治干预和政府攫取。另一方面，国有股权带来的政府监督，是在公司治理结构不完善，对管理人员缺乏有效的外部监督机制情况下的次优选择（Qian，1996、2000），斯道延·坦尼夫等（2002）强调了在中国的上市公司中，国家所有权居于支配地位的最重要含义也许是政府对管理层的任命和激励的控制，并借此来控制公司的行为。Blanchard 和 Shileifer（2000）指出，自 1989 年以来，中国和俄罗斯在经济增长上形成的差异的一个重要原因是两个国家政府质量的不同，中国政府能够帮助企业发展，中国渐进改革的成功之处就在于保持了相当比重的国有企业，从而避免了产出的 J 形下降。在国有企业中国有股权存在双面性作用的背景下，公司治理结构与机制能否有效发挥作用成为迫切需要得到检验的问题，为此，基于中国证券市场对国有控股上市公司治理有效性进行实证研究的文献开始相继出现。

三、国有企业经济型治理有效性的相关研究

李维安（1996）在指出中国国有企业的治理模式属于典型的行政型治理模式的同时，结合转轨时期的国企股份制改造，明确提出国有企业公司治理由"行政型治理"到"经济型治理"转型的改革思路。而对国有企业公司治理的研究进展恰恰和这一转型路径相吻合，随着 20 世纪末期对行政型治理存在问题认识的不断深化，国有企业公司治理研究的重点开始转移到经济性治理有效性方面上来。

由于国有企业改革的主要路径是基于所有权改革而展开的，加之我国制度环境与所有权结构的特殊性，所有权结构的研究一直是公司治理研究最重要的内容之一。20 世纪 90 年代的绝大部分时间里，该领域的研究主要集中于对国企改革以及股权结构和国有股权合理性的理论分析，李维安（1995）从股权安定性的视角对不同类型的股权特征进行了分析，认为拥有控股权的大股东能够实际上决定董事会的人选及公司的经营战略，因而其经济意义上的所有权远远大于其法律上的所有权，实际拥有了对公司所有的全部资本的支配权；郑红亮（1998）、王红领（2000）等对股权结构与公司治理理论的适应性进行了研究。随着我国资本市场的发展和上市公司数量的增多，在借鉴国外研究方法的基础上，国内对股权结构的研究开始转向以实证研究为

主，何浚（1998）、施东晖（2000）等较早地进行了这方面的尝试，随着实证研究方法的发展和数据的累积，相关方面的实证研究不断的发展和丰富。这方面的实证文献可以分为两大类：一方面是研究股权结构与股权集中度对公司绩效的影响；另一方面是研究大股东和控股股东对公司绩效的影响。从股权比例或股权集中度对公司绩效影响的实证研究文献看，第一大股东持股比例、不同类别股东的持股比例、国有股持股比例等变量最为广泛使用为股权结构的替代变量，Tobin Q 值、ROE、ROA 等被广泛地作为衡量公司绩效的替代变量（也有部分研究者利用主因素分析法等构建了综合绩效变量）。从实证研究的结果看，大多数的研究结论认为控股股东持股比例、国有股持股比例等股权结构变量与公司绩效之间存在相关关系，但这种相关关系很可能是非线性的（孙永祥、黄祖辉，1999；施东晖，2000；吴淑琨，2002；白重恩等，2005）；但是，对二者的研究也存在不一致的结论，徐向艺（2005）等认为二者之间的相关关系受到行业环境等外部因素的影响。此外，由于国有股在我国上市公司中的特殊地位，多数有关股权结构的实证研究文献中都对国有股问题进行了专门研究，从研究结果看，国有股股东与公司绩效之间的关系更为复杂（田利辉，2005）。

在有关中国公司治理的实证研究文献中，基于证券市场上市公司数据的研究占有绝对的主导地位，由于国有股权的特殊性，在这些实证研究文献中，大多都会涉及对国有股权或者国有控股股东的分析（可参见上述关于股权结构等的文献回顾），其中一些文献还专门对国有控股上市公司治理问题进行了实证分析（李涛，2002；田利辉，2005；夏立军、方轶强，2005；曾庆生、陈信元，2006；白崇恩等，2006）。海外对中国公司治理的研究基本也遵循了这个模式，而且在某种程度上讲，对中国公司的关注正是基于对中国上市公司国有股权特殊性的关注，其中一些文献也是专门对国有控股上市公司的治理进行了研究（Schipani 等，2002；Cull 和 Xu，2003；Chan 和 Wang，2004；Cheung 和 Jin，2005；Allen 等，2005；Fan 和 Wong，2007；Berkman 等，2007）。

在对中国国有控股上市公司与国有控股股东的实证研究文献中，主要集中于分析股权结构因素与公司绩效的关系；部分文献分析了其他公司治理结构或机制对公司绩效的影响；另外一些文献向国有控股股东所依赖的制度背景进行了延伸，其中主要集中于政府干预因素。这些文献研究可能存在两个主要问题：第一，把国有控股上市公司假设为同质的，忽视了国有控股公司的内在差别，实际上，国有控股上市公司由于终极控制人的不同导致公司治理存在着差异，最为明显的是由中央政府的代理人作为出资人的国家控股上市公司与地方政府作为出资人的国有控股上市公司在治理环境、规制要求等方面就存在很大差异；第二，忽视了国有控股上市公司股权结构因素到公司绩效的中间传导机制，多数的文献证明国有股权的存在以及股权比例会对公司绩效产生影响，但结论并不一致，然而鲜有文献对这种影响做进一步的探讨，特别是对国有控股公司的董事会的特殊性以及战略行为绩效的深度分析。因此，以国有控股特征最典型的国家控股上市公司作为样本，探讨国家控股对公司绩效影响的中间传导机制的实证研究，进而从新的视角验证国家控股上市公司治理的有效性可能会在一定程度上弥补原有研究的缺陷。

第二节 基于公司绩效的公司治理有效性研究

股东治理与董事会治理是公司治理最为重要的两个方面，在公司治理的大量实证研究文献中，有关这两个方面的研究占据绝大多数。对这些文献的梳理，我们可以更好地了解在中国特殊的制度背景下股东与董事会的作用与地位。

一、股东治理与公司绩效

企业产权理论认为，股权结构作为企业事前融资双方博弈的结果，将对一个企业的基本制度产生影响，它也是公司治理问题产生的根源。Berle 和 Means（1932）最初提出所有权和经营权分离这一现代公司的核心特征就是基于对美国高度分散的股权结构的认知，随后高度分散的股权结构就成为相当长一段时间内公司治理研究的公认的前提假设。随着对公司治理问题研究的深入，股权结构作为一种重要的内部治理机制开始受到重视，Jensen 和 Meckling（1976）在对管理者行为、代理成本和所有权结构进行研究时发现，代理成本是企业所有权的决定因素，管理者持股有利于降低代理成本。Demsetz（1983）认识到了所有权结构的异质性，并探究其形成的原因，认为所有权结构是一个企业寻求利润最大化过程的内在结果，即所有权的最终结构将是通过比较不同成本的利弊，使企业组织达到均衡的竞争性的内在选择的结果。La Porta、Lopez 和 Shleifer（1999）通过对世界上多个国家的股权结构的研究发现，当前股权结构中普遍存在的是大股东持股，这一发现打破了一直以来所广泛默认的分散持股的假设，从此，所有权结构的研究迅速引起了关注并成为公司治理研究的核心问题之一。尽管近十年来，有关公司所有权研究的文献大量涌现，但是，归结起来主要可以分为对所有权结构和控股股东两个方面的研究。

对公司所有权结构研究的目的在于发现一个最优的股权结构，最优的股权结构是使一个公司价值最大的不同类别股东的持股比例，这涉及股东类别构成、股权集中度和大股东持股比例等问题。Shleifer 和 Vishny（1986）认为一定的股权集中度是必要的，因为大股东具有限制管理层以牺牲股东利益来谋取自身利益行为的经济激励及能力，从而既可避免股权高度分散情况下的"免费搭车"问题，又能有效地监督经理层的行为。Admati、Pfleiderer 和 Zechner（1994）认为，股权的集中将鼓励大股东的监督活动，但是集中的股权又将导致风险分担的不足。从理论模型上，Jeffrey Zwiebel（1995）用合作博弈的工具证明股权结构可以达到三种均衡：一种股权结构是由一个控股股东和无数小股东组成的，一种是完全由大量的小股东组成有的，还有的是由多个大股东组成股权结构。Bolton 和 Thadden（1998）则认为，企业的最优股权结构是在由于股权分散所带来的股票二级市场流动性收益与股权集中所形成的对经理人的有效监督收益二者中选择的结果。Jensen 和 Meckling（1976）则较早地从激励相容的视角对管理者所有权的意义进行了分析，认为管理者拥有所有权可以使得他们像股东一样关心企业发展，降低代理成本。近年来关于所有权结构的文献大多集中于对所有权结构与公司绩效和公司价值的实证研究方面，主要包括管理者所有权（Mueller，2002；Wright et al. 2002；Simoneti and Gregoric，2004）、大股东构成（Gutierrez and Tribo，2004；Maury and Pajuste，2005；Laeven and Levine，2007）、股权集中度（Claessens et al. 2002；Wolfenzon and Yeung，2005）等与公司绩效的关系。

对所有权结构实证研究的另一个重要视角是结合不同国家或地区的实际情况进行的研究，Claessens 等（2000）对东亚国家 2980 家公司的实证研究发现，三分之二以上的公司被一个大股东所控制，并且通过金字塔结构和交叉持股，所有权和控制权分离的状态并不典型；Faccio and Lang（2002）对13 个西欧国家 5232 家公司的研究发现，金融和大企业主要是分散控制，而非金融和小企业主要是家族控制，国家控制在某些国家的大企业非常典型；Welch（2003）对澳大利亚公司所有权结构与公司绩效间的关系进行了研究，发现所有权结构与公司绩效之间存在显著的非线性关系；Denis and McConnell（2003）研究发现股权集中度和股权制衡与公司价值之间的关系受制于大股东的股权性质；Grant（2004）对欧洲国家公司所有权结构与公司绩效的关系进行了研究，发现股权结构对公司绩效存在影响，但是绝对大股东的存在不利于公司绩效；Luis 等（2005）对哥伦比亚国内所有权结构进行了调研，发现存在和欧洲国家相似的高股权集中度，并且发现基金类股东对公司成长有重要影响；Laeven（2007）对欧洲 13 个国家复杂的所有权结构与公司价值之间的关系进行了研究，发现欧洲国家的公司存在多个大股东共存的状态，这种状态对公司价值具有积极的影响；Gatti（2008）对 OECD18 个国家所有权结构的研究发现，高的股权集中度有利于经济增长。

股权结构集中的直接结果就是大股东的出现，这不仅是在美国以外的其他国家存在，即便是在美国也有数量不少的公司存在大股东，Holderness and Sheehan（1988）发现在美国有几百家上市公司存在持股比例在 5% 以上的大股东，Gorton and Shmid（1996）估计，在德国大约 80% 的上市公司存在持股比例在 25% 以上的非银行大股东，其他国家也存在类似的情况。因此，探讨大股东在公司治理中的作用及其对公司绩效影响的文献大量涌现。Jacob and

Wang（2006）研究发现当大股东有监督的积极性并能获得明显收益时，公司绩效与大股东监督的强度正相关；Gillan（2007）通过对股东能动主义演变的分析，发现从长期来看，大股东的出现并不一定能够影响公司的价值，但是大股东的行为可以短期地影响公司绩效；Bozec（2007）通过对加拿大上市公司的研究发现，当大股东有机会侵占中小股东利益并且受到激励时，其对公司绩效会产生负向影响；Henrik（2007）通过对美国上市公司的研究发现大股东对公司财务、投资和经理人薪酬政策存在重要的影响；Becker（2008）为了避免股权结构内生性的影响，利用地理学的工具对大股东对公司绩效的影响进行了分析，发现在公司附近持有公司股票的非管理层大股东通过实施监督对公司绩效有显著的影响。在对单个大股东在公司治理中的作用机制进行研究的基础上，Lehmann and Weigand（2000），Volpin（2002），Gutierrez and Tribo（2004），Maury and Pajuste（2005），Dhillon and Rossetto（2007）等对多个大股东存在的情况进行了研究，发现大股东的数量对公司价值具有正向的影响。当大股东持股数量超过一定比例并取得控制权时，就成为公司控股股东，控股股东对公司行为和价值产生的影响更为显著，Chan等（2003）研究发现，控股股东通过对现金流权的控制对公司价值产生了影响，但这种关系是非线性的；Gilson 等（2003）认为，尽管控股股东有动力去监督管理层从而能够有效地解决传统的代理问题，但是其又可能获得私人控制权收益，因此要对控股股东进行控制。Yeh（2005）对台湾上市公司的研究发现，当控股股东具有较多的现金流权时，公司价值也较高；Song 等（2007）对马来西亚上市公司的研究发现，控股股东持股比例越高，现金流回报也在增加，但是当持股比例高到一定程度时，企业运行绩效会变坏。为了更能反映控股股东的行为动机和对公司行为与绩效的作用机理，终极所有权的研究开始受到了关注（La Porta et al.，1999；Claessens et al.，2000；Poletti，2005）。从国外的研究文献看，股权结构、大股东与控股股东行为和结构对公司绩效产生了影响，但这种影响由于制度环境的差别以及研究方法的不同，并未取得完全一致的结论。

在我国，国有企业改革的主要路径是基于所有权改革而展开的，加之我国制度环境与所有权结构的特殊性，所有权结构的研究一直是公司治理研究最重要的内容之一。20 世纪 90 年代的绝大部分时间里，该领域的研究主要集中于对国企改革以及股权结构和国有股权合理性的理论分析，李维安（1995）从股权安定性的视角对不同类型的股权特征进行了分析，认为拥有控股权的大股东能够实际上决定董事会的人选及公司的经营战略，因而其经济意义上的所有权远远大于其法律上的所有权，实际拥有了对公司所有的全部资本的支配权；陈工孟（1997）、郑红亮（1998）、袁东（1999）、王红领（2000）等对对股权结构与公司治理理论的适应性进行了研究。随着我国资本市场的发展和上市公司数量的增多，在借鉴国外研究方法的基础上，国内对股权结构的研究开始转向以实证研究为主，何浚（1998）、周业安（1999）、施东晖（2000）等较早地进行了这方面的尝试，随着实证研究方法的发展和数据的累积，相关方面的实证研究不断的发展和丰富。这方面的实证文献可以分为两大类：一方面是研究股权结构与股权集中度对公司绩效的影响；另一方面是研究大股东和控股股东对公司绩效的影响。从股权比例或股权集中度对公司绩效影响的实证研究文献看，第一大股东持股比例、不同类别股东的持股比例、国有股持股比例等变量最为广泛使用为股权结构的替代变量，Tobin Q 值、ROE、ROA 等被广泛地作为衡量公司绩效的替代变量（也有部分研究者利用主因素分析法等构建了综合绩效变量）。从实证研究的结果看，大多数的研究结论认为控股股东持股比例、国有股持股比例等股权结构变量与公司绩效之间存在相关关系，但这种相关关系很可能是非线性的（孙永祥、黄祖辉，1999；施东晖，2000；吴淑琨，2002；杜莹、刘立国，2002；宋敏、张俊喜，2004；白重恩等，2005）；但是，对二者的研究也存在不一致的结论，徐向艺（2005）、佘镜怀、胡洁（2007）等认为二者之间的相关关系受到行业环境等外部因素的影响。此外，由于国有股在我国上市公司中的特殊地位，多数有关股权结构的实证研究文献中都对国有股问题进行了专门研究，从研究结果看，国有股股东与公司绩效之间的关系更为复杂（田利辉 2005；徐莉萍等，2006）。

股权结构和控股股东对公司绩效影响的实证研究文献并未得出一致的结

论，甚至很多实证研究的结论都截然相反，这一方面与研究样本的选择和应用的实证方法的差异有一定程度的关联性，另一方面的原因很可能是直接选择公司绩效作为公司治理绩效的衡量标准存在缺陷。例如，传统的研究股权结构与公司绩效关系的文献无法告诉人们股权安排是如何作用于公司行为，进而产生经济后果的。为了解决上述问题，一些学者开始采用"公司治理—公司行为—经济绩效"的研究范式（曾庆生、陈信元，2006），通过探讨公司治理与公司行为之间的关系，来揭示股权结构等公司治理要素对公司价值的影响。

二、董事会治理与公司绩效

董事会作为一种公司治理机制，能够有效协调和解决所有权和控制权分离状态下股东和经理人员存在的委托代理问题，为了实现该目标，董事会必须履行对经理人员的监督职能和股东利益最大化的战略决策职能，Fama（1980）、Jensen（1993）认为董事会中的外部董事在监督 CEO 以及解雇较差的 CEO 等方面发挥关键作用，Mizruchi（1983）认为董事会的战略角色是非常重要的。在公司治理实践领域，董事会治理的重要性更是备受推崇，1997年美国《商业周刊》组织的调查小组对 50 家公司的董事会质量进行的调查发现，董事会的质量是决定一个公司未来业绩好坏和股权回报的重要指标。在亚洲金融危机后，投资者在评估亚洲投资潜力时，认为董事会行为质量比财务问题更重要和同等重要的占 75%。在我国，上市公司初步建立起现代企业制度和经济型治理的行为规范与治理功能后，董事会治理已经成为公司治理的核心（曹凤岐等，2004）。

早期对董事会的研究主要集中于对其作用机制和职能履行的理论分析方面，主要包括委托代理理论、资源依赖理论和现代管家理论。委托代理理论在对董事会的研究中，主要集中在大型上市公司的股东和经理人之间的关系上，认为董事是股东的代理人，为股东利益最大化而工作。资源依赖理论应用于董事会的研究，主要从董事会的交叉任职、董事的产生以及董事会的领导权结构等方面进行，Pfeffer（1987）、Pearce 和 Zahra（1992）、Goodstein

（1994）指出，将董事会的结构视为一种制度功能是因为通过增加董事会的规模和多样性，组织与外部环境以及关键资源的获取之间的联系将得到强化。Donaldson（1990）结合行为理论和组织理论指出了代理理论的不足，提出了一个与代理理论截然不同的理论——现代管家理论，认为总经理对自身尊严、信仰和内在工作满足的追求会促使他们努力经营公司，成为公司资产的好"管家"，因而总经理和董事长职务的合一将促进经理人员的有效行动，能够为公司提供更统一的方向，实施更强有力的控制，有利于企业适应瞬息万变的市场环境，提高企业的创新自由，从而提升公司绩效。在上述理论的基础上，Tricker（1995）提出了一个董事会治理的理论框架，认为董事会的作用主要是承担受托责任、监督经理层、参与战略形成、政策制定。在前人研究的基础上，Rediker 和 Seth（1995）提出了董事会与可替代治理机制间的替代效应模型，考察了董事会监督动力与其他内部治理机制之间的关系，发现外部董事监督与大股东监督、经理人员持股的激励效应以及内部董事的相互监督之间有很强的替代效应。

从当前董事会的存在状态看，董事会是由公司的外生变量与内生变量综合决定，外生变量主要来源于政府的规制要求，其结果更多地表现为董事会治理结构；内生变量则主要来源于公司的个性特征，其结果更多地表现为董事会治理机制（Hermalin and Weisbach，2003）。为了验证董事会治理的有效性，特别是对公司绩效的影响，国内外学者对董事会治理结构和机制与公司绩效之间的关系开展了大规模的实证研究（Morck，Shleifer & Vishny，1988；Yermack，1996；于东智，2002；刘曼琴，2003 等）。相关研究主要集中于董事会规模、董事会领导结构、董事会组织结构、董事会独立性以及董事会会议等董事会属性与公司绩效的关系。

董事会规模是董事会的一个重要特征，早期多数学者认为董事会规模越大，公司绩效越好，这是因为规模大的董事会使得决策更为科学（Pfeffer，1973）。20 世纪 90 年代以后，很多学者对这个观点提出质疑，认为董事会规模的增大反而会降低董事会决策的效率，从而对公司绩效产生负面影响。Lipton 和 Lorsch（1992）指出，董事会成员很少对高级管理人员提出批评性意见，而这一现象随着董事会规模的增加而更加明显。Jensen（1993）指出，董事会成员过于注重谦恭礼让，而忽视了真实和坦诚，这造成当董事会成员超过七八人时，董事会有效性降低并容易被 CEO 控制。Yemark（1996）、Bhagat 和 Black（1996）、Eisenberg（1998）等通过实证研究发现，公司绩效与董事会规模负相关，董事会规模的上升往往导致公司价值的下降，国内学者孙永祥（2001）、宋增基（2003）利用中国上市公司的数据得出了相同的结论；Holthausen 和 Larcker（1993）、于东智（2001）、郑文坚（2004）等通过实证研究发现，董事会规模与公司绩效不存在显著相关性；崔学刚（2004）等的研究还发现，当划分董事会规模的某些区间，董事会规模与公司绩效之间存在显著相关关系。

董事会独立性是董事会有效履行战略决策和监督职能的重要保证，独立董事制度为此提供了重要的制度保障，为此，各国公司治理准则都对董事会的独立性做出特别要求，并规定了董事会中独立董事的下限以及必须独立董事担任的角色，国内外大量的实证研究文献也对董事会独立性与公司绩效之间的关系进行了研究。Baysinger 和 Butler（1985）、Rosenstein 和 Wyatt（1990）、Millstein 和 Macavoy（1997）通过实证研究验证了董事会独立性与公司绩效之间存在的正相关关系，这种结果也被吴淑焜（2001）、高明华（2002）等利用国内上市公司的数据得到了验证。Hermalin 和 Weisbach（1991）、Mehran（1995）、Klein（1998）、Bhagat 和 Black（2000）、Mak 和 Li（2001）、孙永祥（2001）、宋增基（2003）、郑文坚（2004）等通过实证研究发现，董事会独立性与公司绩效并不存在显著相关关系。Daily 和 Dalton（1993）、David（1996）、Agrawal 和 Knoeber（1996）等对独立董事比例与公司绩效的实证研究发现二者呈负相关的关系。这从一定程度上说明，尽管从理论上来讲独立董事应该对公司绩效产生积极的影响，但是在公司治理实践中并没有完全实现，独立董事制度还需要时间和实践的进一步检验。

董事会领导结构是指董事长与 CEO（总经理）两个职位的任职状态，多数公司治理准则中都对董事会领导结构做出指导性建议，建议董事长与 CEO 两职分任。董事会领导结构两职分任从委托代理理论获得了支持，该理论认为两职分任有利于降低由于所有权和控制权分离而产生的代理成本（Fama，Jensen，1983），因而有利于公司绩效的改善。然而，正常继任理论则认为，两职分任只是继任过程的一部分，不会降低代理成本，因此对公司绩效没有任何影响（Vancil，1987）。Rechner 和 Dalton（1991）、Pi 和 Timme（1993）、Fosberg 和 Nelson（1999）的实证研究发现董事长与总经理两职分任与公司绩效之间存在显著的正相关关系。Brickley（1995）、Buckland 和 Doble（1994）、Baliga（1996）、于东智和谷日立（2002）等则没有发现公司领导结构和公司绩效之间存在的显著相关关系。Boyd（1995）、崔学刚（2004）的实证研究结果则认为在两职合一的状态下，公司绩效更为突出。显然，实证研究结果也并未对哪种任职状态为最优的董事会领导结构提供一致的支持。

董事会专业委员会作为董事会的内部组织，在董事会的理论研究中很少涉及，但是其在保证董事会的有效运作中所发挥的重要作用在实践中却日益受到重视。特别是安然、世通等公司财务丑闻爆发后，各国政府和经济组织对专业委员会的职能更为重视，例如，2003 年修订的英国公司治理联合准则就建议董事会应该设立审计、提名和薪酬三个专业委员会，而且认为独立董事在专业委员会中应占多数。Klein（1996）认为，执行董事应该更多地在关注于管理决策的专业委员会，例如，战略与投资委员会；非执行董事则应该更多地集中于任务控制决策的专业委员会，例如，薪酬、提名和审计三个专业委员会。在实证研究方面，Main 和 Johnston（1993）对英国公司的实证研究发现，在选择的 220 家公司中 66 家设立了薪酬委员会，这些设立薪酬委员会的公司都表现出相对较好的绩效。Klein（1996）以美国公司为样本，对专业委员会构成与公司绩效的关系做了实证研究，发现二者之间存在正相关的关系。Laing、Weir（2000）的实证研究也发现董事会次级委员会设立与公司绩效明显正相关。

董事会会议是董事会有效运作的重要保证，也是衡量董事会行为的一个重要的可量化指标，公司董事会每年召开会议的次数可以看作是反映董事会活跃程度的一个重要变量（沈艺峰，2001），Lipton and Lorsch（1992）认为董事面临的一个共性问题就是他们缺少时间履行职责，Congeret 等（1998）

认为董事会时间是提高董事会有效性的重要资源。Jensen（1993）认为，运行良好的公司，董事会会议频率不要太多，这是因为董事会会议更多关注日常的事务性工作，很少进行董事之间以及与管理层想法和意见的交流。Vafeas（1999）通过对美国307家福布斯薪酬调查样本公司的实证研究发现，公司绩效与董事会会议呈现负相关的关系，Vafeas认为相对于董事会的会议频率，更应该重视董事会的会议质量。国内学者于东智（2001）通过对我国上市公司的实证研究发现，董事会会议频率只与当年公司财务绩效正相关，而与过去的公司财务绩效负相关，也就是说当公司绩效变差以后，公司董事会会议次数会增加。崔学刚（2004）通过实证研究则发现，公司绩效与董事会会议次数有相关性，公司绩效好的公司董事会会议次数明显多于公司绩效差的公司。

作为公司治理机制的核心制度安排，尽管理论上对其解释的视角不同，但是董事会的重要性却得到了毋庸置疑的确认，然而这种认识上的一致性并未在实证检验中获得很好的支持。从对国内董事会治理实证研究文献的梳理看，没有一种董事会治理结构或机制属性对公司绩效影响的结果完全一致，对这种分歧的解释可以从两个方面考虑：一方面的原因很可能是由于影响公司绩效的因素的多元化和复杂性，使得在其他变量很难控制的情况下探讨董事会治理结构或机制属性对公司绩效的影响比较困难，这就要求进一步挖掘董事会治理与公司绩效之间的中间调节变量，进而通过分析二者之间的关系来验证董事会治理的有效性；另一方面，董事会治理与其他治理机制之间存在的替代效应（Rediker和Seth，1995）决定了在分析董事会治理对公司绩效的影响时，必须同时考虑到其他可替代的治理机制的作用。此外，从实证研究的结果看，董事会治理的某些属性对公司绩效的影响呈现出动态性的特点，例如，对于独立董事制度对公司绩效影响的实证研究中，早期文献的结果大都得出不相关的结论，但是近几年的研究结果则大多发现了二者之间的显著相关关系或弱相关性，这可能是因为在外部治理机制的作用下，独立董事制度开始真正发挥作用有关。

第三节　基于公司财务行为的
公司治理有效性研究

从对国内外股权结构、董事会治理的实证研究文献的梳理，可以看出，公司治理相关的实证研究主要围绕公司绩效而展开，这一特点在国内的实证研究中更为典型。事实上，基于公司绩效的公司治理的实证研究只是其中的一个方面，特别是在注意到该研究的不足以后，基于公司行为特别是投资行为视角的公司治理实证研究开始受到关注，一些学者开始尝试从公司行为的视角对股权结构和董事会治理等公司治理机制的有效性进行实证检验，这为探究公司治理对公司绩效影响的传导机制提供了一条新的研究路径。

从公司投资行为视角的公司治理实证研究主要从三个方面展开：现金持有、资本支出和过度投资。Jensen and Meckling（1976）较早地注意到公司治理机制对公司投资行为的影响，他在分析企业股权融资的代理成本时指出，当企业的股权融资使企业经营管理者所持有的企业股权比例变得很小时，经营管理者有可能从其自身的利益出发，在企业投资决策时，选择有利于自己而并非有益于股东的扩大投资项目等过度投资决策行为。Jensen（1986）更进一步指出，当企业存在大量的自由现金流（free cash flow）时，企业的经营管理者有可能将企业的闲余现金投资于能够给其带来非金钱的收益的企业投资规模扩大的项目上，从而导致企业过度投资行为的发生。因此，自由现金流量理论成为一种专门解释公司现金持有量为什么大于其投资项目资金（净现值）总需求，从而导致过度投资或者投资行为扭曲的基础理论。Stulz（1990）认为，由于管理者的声望和在职消费水平极大地受到公司规模的影响，因此，通过资本性支出①扩大企业规模就成为管理者利益最大化目标下的最佳选择，这也成为企业过度投资的重要的途径。这样，就形成了"现金持有—资本支出—过度投资"的公司投资行为的内在逻辑，即管理者为了自身利益最大化，会考虑公司持有较多的自由现金，从而可以通过资本支出扩大企业规模，甚至投资于净现值（NPV）为负的项目，并最终导致过度投资行为的发生。而公司投资行为是影响企业绩效最为重要的变量之一，因为企业绩效本身就是公司投资行为的综合结果，只是公司治理因素对公司投资行为的影响更为直接。

按照对自由现金流的理论分析，代理成本是影响公司现金持有的重要因素，由于代理成本是公司治理的函数，因此，影响现金持有的公司治理因素由此跃入了对公司投资行为实证检验的视野。Harford（1998）较早地对公司治理因素对现金持有的影响进行了实证分析，随后并购事件、银行垄断势力、控制权市场（Pinkowitz，2002）、代理权争夺（Faleye，2004）、股权结构（Ferreira 与 Vilela，2004；Guney，2004）等对公司现金持有水平的影响相继进入现金持有实证研究的视野。另外一些学者从公司治理因素对资本支出影响视角进行了实证分析，Hansen 和 Hill（1991）及 Baysinger 等（1991）发现高比例的机构股权与较大的 R&D 支出正相关。Griner 和 Gordon（1995）在双变量分析中证实资本支出水平与内部人持股比例之间存在一个倒置的曲线关系，不过，在控制其他影响资本支出水平因素的多变量分析中并没有发现资本支出与内部人持股比例之间存在任何相关关系。Gedajlovic 等（2003）发现金融机构持有的股权比例与资本支出之间存在正的联系，外部股权与资本支出之间存在显著负的相关关系，内部投资者持有的股权规模与企业的资

---

① 从广义上说，资本支出就是企业为获得经营性长期资产所从事的一切投资活动所发生的支出。具体来说，它是指企业从事的除金融投资（如短期投资、委托理财）以外的一切投资支出，如企业在厂房设备新增与更新、并购、合资、研究与开发（R&D）、产品/市场多元化及经营重新布局等方面发生的支出。而从狭义上说，资本支出指企业进行的直接固定资产投资，包括企业为获得、建造和更新固定资产及取得无形资产和其他长期资产而发生的支出。Gredajlovic 等（2003）用公司在某一年固定资产的增长百分比来度量企业的资本支出水平。

本支出水平负相关。另外一部分学者则直接从企业是否存在过度投资的视角检验了公司治理因素对公司投资行为的影响，Cho（1988），Pindado 和 Torre（2005）的研究均发现企业投资与所有权之间存在非线性的关系，并为此提供了经验证据；Gugler 和 Yurtoglu（2003）研究发现，同时多个大股东的存在可以通过相互监督来弱化控股股东谋取控制权私利的能力；Richardson（2002）的研究发现，独立董事和机构投资者持股等治理机制可以有效缓解企业过度投资行为。

我国学者对公司投资行为的研究起源于对我国特殊的融资结构的关注，中国的一些上市公司存在着典型的股权融资偏好（袁国良，1999；黄少安，张岗，2001），这与 Myers 和 Majluf（1984）所提出的融资优序理论相矛盾。上市公司过度偏好股权融资，带来的突出问题是资本使用效率不高，从很多公司的年报中可以看到，不少上市公司的募集资金投资并不符合公司的长远利益，它们轻易地把资金投到自己根本不熟悉、与主业毫不相关的产业中，在项目环境发生变化后，又随意地变更投资方向；还有相当数量的上市公司把通过发行股票、配股、增发募集的大量资金，直接或间接地投入到证券市场，参与股市的投机炒作，获取投资收益，弥补主业的不足（黄少安，张岗，2001）。陆正飞、叶康涛（2004）对这种股权融资偏好进行了解析，他们认为融资成本因素并不能完全解释我国上市公司的股权融资偏好行为，进一步的实证研究发现，企业资本规模和自由现金流越低，净资产收益率和控股股东持股比例越高，则企业越有可能选择股权融资方式。对这种偏好的另一个重要的解释就是我国上市公司内部人可以通过股权融资后进行的投资行为获得巨大的隐性收益，而这种收益多数与股东利益最大化并不一致（赵蒲、孙爱英，2004）。潘敏、金岩（2003）认为我国的股权融资偏好是源于国有企业在传统体制下形成的一贯的过度投资行为，而且我国特殊的股权制度安排进一步加重了过度投资行为，这在他们所构建的解释性模型中也得到了进一步的说明。与国外学者的研究路径相同，国内学者也率先将影响企业投资行为的因素聚焦于公司治理方面，张人骥等（2005）、胡国柳等（2006）、辛宇等（2006）、于东智等（2006）以及李志杰等（2007）从现金持有的角度对第一大股东持股比例、股权性质、董事会特征等对投资行为的影响展开了实证研究，发现上述因素对公司现金持有量存在显著影响；徐慧玲等（2006）和胡国柳等（2006）从资本支出的角度对股权比例、股权性质等对企业投资行为的影响展开了实证研究，发现非国有上市公司比国有上市公司的资本支出更为突出；刘昌国（2006）、魏明海等（2007）、唐雪松等（2007）从过度投资的角度对股权比例、股权性质、董事会特征等对投资行为的影响展开了实证研究，发现上述因素对企业投资行为存在显著的影响，李维安等（2007）利用公司治理指数对公司治理对企业投资行为存在的影响进行了分析，研究发现公司治理对上市公司的过度投资行为能够形成有效的制约；股东行为治理、董事会治理、利益相关者治理对抑制过度投资积极有效，而监事会、经理层、信息披露机制的作用不明显。

小　结

随着公司治理研究从欧美国家向新兴经济国家和转轨经济国家的扩展，中国的公司治理问题受到了前所未有的关注。对中国公司治理问题的研究既需要借鉴基于欧美国家制度背景下的理论体系以及相对成熟的研究方法和经验，也要充分考虑中国上市公司大多转型于国有企业这一特殊的制度背景。当前，对中国国有企业公司治理的研究更多地集中于一般性的国有企业和国有控股上市公司，研究焦点集中于对国有企业公司治理制度性缺陷的理论分析和基于结构绩效模式而开展的公司治理有效性的实证检验。但是，这些研究大多都忽略了国有企业的"血统性"差异，而同一对待，特别是对在证券市场中具有举足轻重地位的中央企业控股上市公司治理问题缺乏专门的系统性研究。

从公司治理研究的演进趋势看，对中央企业控股上市公司治理问题的研究需要注意几个问题：第一，对中央企业控股上市公司治理问题的研究必须要考虑到我国行政型治理向经济型治理过度的制度背景；第二，要抓住作为中央企业控股上市公司治理问题核心的董事会治理问题，对其有效性进行研究；第三，对中央企业控股上市公司董事会治理有效性问题的研究不能仅仅遵循传统的结构－绩效范式，而要扩展到揭示内部作用机制的结构—行为—绩效的范式；第四，对中央企业控股上市公司董事会治理有效性问题的研究不仅要考虑董事会治理的单一属性，也要考虑董事会治理的整体状况。而相关研究文献给我们的一个重要启发是：基于反映董事会治理总体状况的董事会治理指数，把公司财务行为作为董事会职能履行的结果，进而作为评价董事会治理有效性的标准可能是一条对中央企业控股上市公司治理问题研究的相对新颖、有效的路径。

第三章

从行政型治理向经济型治理的制度转型

随着公司治理研究的深入，人们逐渐认识到公司治理的效果不能简单地通过所采取的公司治理模式来评价，而必须考虑企业所嵌入的经济环境和政治环境（吴金群，2008），即公司治理模式与环境的适应性。但是，人们往往习惯地将公司治理结构变迁归因于经济环境，而忽视了政治因素。事实上，在很多情况下，政治因素对公司治理的影响往往和经济因素一样重要，甚至超过了经济因素对公司治理的影响（Gourevitch，2003）。因此，对公司治理的研究必须要考虑特定的制度背景，对新兴市场经济国家国有企业公司治理问题研究的制度分析则要侧重其历史沿革与政府因素①。

第一节　国有企业从行政型治理向经济型治理的演进

李维安（1996）在对转轨时期的国有企业股份制改造研究时，明确提出国有企业公司治理由"行政型治理"到"经济型治理"转型的改革思路。这一点已经为我国国有企业改革的实践所验证，伴随着我国国有企业改革的深入，国有企业管理体制从行政型治理向经济型治理不断演进。但是我国国有企业与政府之间的长期"血统"关系以及其他一些体制性约束的存在，使得

---

① 世界银行在 2006 年的公司治理报告 "Held by the visible hand: the challenge of SOE corporate governance for emerging markets."

这种治理模式的演进并不彻底，我国国有企业治理处于一种从行政型治理向经济型治理转型的状态。

一、我国国有企业改革与管理体制演进

我国国有企业管理体制改革是国有企业改革的核心，也是国有企业改革的重点难点。中华人民共和国成立以后，我国国有企业管理体制经历过多次改革和调整，每一次国有企业管理体制的改革和调整都对当时国有企业的改革发展起到了推动作用，在当时的条件下都是国有企业管理体制改革上创新性的突破。中华人民共和国成立后，我国国有企业管理体制改革经历了政府直接管理、厂长（经理）负责制、形式法人治理结构建立与法人治理结构实质性建设与完善阶段。

（一）政府直接管理阶段

改革开放以前，我国国有企业是在计划经济体制下运行的，当时统称为"国营企业"。如果用市场经济的标准来衡量的话，当时的国营企业实际上是政府下属的经济部门，是有行政级别的。国家对当时的国营企业采用的是政府直接管理的模式，企业没有决策权、经营权、收益权、分配权等权利，完全按照政府下达的指令性计划组织生产。在这个阶段，国营企业的管理体制同党政机关没有什么区别，是纯粹的行政型管理。政府对国有企业的管理事无巨细，实行对生产经营的直接控制和企业领导人员的直接管理。在生产经营方面，政府直接下定生产计划，企业只需要按照命令执行，所生产的产品"统购统销"，不存在盈亏问题，只是有没有完成计划而已。在企业内部管理方面，实行的是党委集体领导制，1954 年以后改为党委领导下的厂长（经理）负责制。在这个阶段，我们的国营企业很难称之为现代意义上的企业，而是一种典型的政府型企业。

（二）厂长（经理）负责制阶段

1978 年以后，我国开始由计划经济向有计划的商品经济转轨，国家逐步下放和扩大国营企业的自主权，在国有企业的经营管理上，由单一的政府直接管理转变为政府直接管理和企业适度自主经营相结合的"双轨制管理"。

企业的称谓开始由"国营"逐步转变为"国有"。企业在完成指令性计划的同时，可以自主开发市场，经批准可以投资开办企业。1984 年开始，国有企业内部管理体制由党委领导下的厂长（经理）负责制逐步转变为厂长（经理）负责制，并于 1987 年进入全面实施阶段。1988 年正式颁布《中华人民共和国全民所有制工业企业法》，确定了全民所有制企业的法人地位。随着改革的深化，国有企业的活力明显增强，但存在两个方面的突出问题：一方面，由于当时政府职能转变不到位，加上改革的政策不配套，很多应由企业自主确定的事项都要报上级主管部门批准，企业拥有的自主权是有限度的；另一方面，企业部分自主权下放以后，由于政府部门对企业的监管不到位，导致当时很多国有企业投资兴办的实体，后期都成了企业的包袱，"一统就死，一放就乱"成为当时国有企业最典型的特征。在这个阶段，尽管也尝试进行了所有权与经营权的"两权分离"，但在程度上还很不彻底，国有企业的政府控制特征还比较明显，国有企业处于半政府型企业的状态。

（三）形式法人治理结构建立阶段

1992 年 10 月，党的十四大明确提出，我国经济体制改革的目标是建立社会主义市场经济体制，并要求围绕社会主义市场经济体制的建立加快经济改革步伐。1993 年 11 月，党的十四届三中全会通过的《关于建立社会主义市场经济体制若干问题的决定》指出了我国国有企业改革的方向是建立现代企业制度。从 1994 年开始，中央和地方选择了 2500 多家企业，按照现代企业制度的要求进行试点。1999 年颁布了《中华人民共和国公司法》，规范了公司的组织和行为。该阶段的问题主要表现在：一是出资人不到位，出资人职责分别由政府有关部门分别行使，没有任何一个政府部门真正对国有资产全面负责；二是当时社会各界对国有企业是否实行公司制改造存在很多争议，企业领导人员对公司制改造的理解上认识不清，积极性也不高；三是董事会、经营层、党组织成员过度交叉重合，缺乏内部有效的制衡和监督，"内部人控制"现象比较突出；四是由于责任追究体系没有全面建立，企业虽然建立了很多规章制度，但经营管理活动中"人治"的现象没有很好改观，不按规则履职的现象比较普遍。实际上，当时一些经过公司制改造的企业运行的结果仍然是"一个人说了算",不是董事长就是总经理,谁强谁说了算,董事会形同虚设,运行中是"三会合一",因此当时社会上有一种观点认为国有企业没有必要建立董事会。再加上20世纪90年代末,国有企业经营大面积亏损,国家一度提出国有企业公司制改造暂停,当时很多已经建立董事会的公司又把董事会撤销了,没有撤销的董事会运行处于"虚位"状态,成了议事会。在这个阶段,尽管大量的企业进行了公司化的改制,但是并没有取得预期的效果,一些企业只是在名称上实现了从"企业"到"公司"的转变,但并没有在治理模式上实现真正的转变,因此,严格来讲,此时的一些国有企业还只是一种在形式上进行模仿的准公司制企业。

（四）法人治理结构实质性建设与完善阶段

2003年3月,十届全国人大一次会议通过了国务院机构改革方案,中央政府和省、地（市）政府设立国有资产监督管理机构,代表国家履行出资人职责。国资委的成立,标志着我国国有资产管理体制和国有企业改革进入一个全新的阶段。党的十六届三中全会指出的加快建立现代企业制度,规范公司股东会、董事会、监事会和经营管理者的权责,形成权力机构、决策机构、监督机构和经营管理者之间的制衡机制的总体要求,对建立与完善国有企业的公司治理结构与机制产生了积极的推动作用。2007年,党的十七大进一步对国有企业改革提出了"深化国有企业公司制股份制改革,健全现代企业制度,优化国有经济布局和结构,增强国有经济活力、控制力、影响力"的总体要求,这就要求国有企业必须进一步完善公司治理结构与机制。

总的来看,回顾国有企业改革30年的发展历程,国有企业管理体制改革发生了深刻的变化,其最典型的特征就是实现了由政府行政管理向出资人管理的转变,由政府型企业向公司制企业的转变,由行政型治理向经济型治理的转变（图3.1）。

经济体制演进	国有企业管理体制演进历程	企业组织形式

计划经济	政府直接管理	政府型企业
↓	⇩	↓
社会主义有计划商品经济	厂长（经理）负责制	准政府型企业
↓	⇩	↓
社会主义市场经济初级阶段	形式法人治理结构	准公司制企业
↓	⇩	↓
较完善的社会主义市场经济	法人治理结构实质性建设	公司制企业

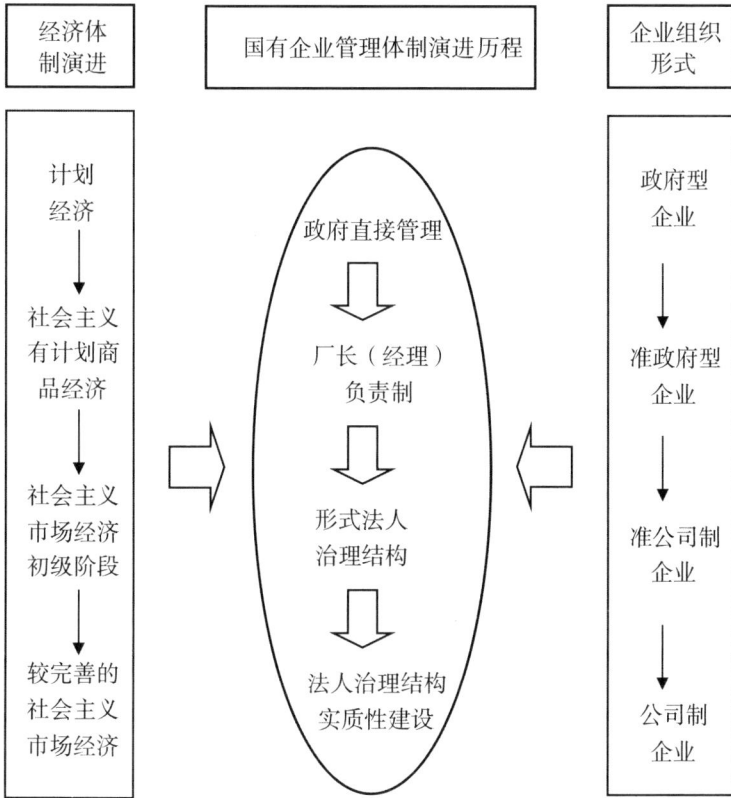

图 3.1　国有企业管理体制演进示意图

资料来源：改编自国务院国资委与南开大学公司治理研究中心的
《国有独资公司董事会建设研究报告》

二、国有控股上市公司行政型治理存在的制度原因

中国证券市场是一个处于经济转型过程中的新兴市场，上市公司大多由国有企业改制而来（李增泉，2006），这是由我国特定的股票发行制度和渐进式改革的模式所决定的。证券市场从建立伊始，就被赋予了推动国有企业改革的重大使命，特别是 1993 年中央政府要求国有企业实行公司制，建立现代企业制度，更进一步将国有企业改革与中国证券市场的发展进程有机的融

合起来。

（一）政府调控下的股票发行制度

股票发行制度是证券市场的一种基础性制度安排，这是一种决定符合什么条件的公司可以公开发行股票的一种筛选性制度安排。从世界各国证券市场发展的经验来看，证券发行制度主要采取了注册制、核准制和审批制三种模式，各国模式的选择取决于其社会基础、市场环境和立法观念的不同。在我国，股票发行采取行政审批的模式。在审批制度下，企业能否发行股票由政府决定，政府根据自己的目标确定上市公司的标准，并据以做出选择。为了防止股票发行的失控，在对股票发行实施行政审批的基础上，还对股票发行的规模进行控制，即实施股票发行的计划额度制。这就使得行政审批与计划额度成为当时我国证券市场股票发行与上市体制的两大核心特征。

在计划经济体制下，银行是整个国家金融体系的核心，股票发行势必会对国家信贷资金平衡产生影响，因此，在证券市场发展初期，人民银行也就顺其自然的成了证券发行和企业改制的审批部门，例如，1984 年 7 月，中国人民银行上海市分行颁布《关于发行股票的暂行管理办法》，1987 年修订为《上海市股票管理暂行办法》。随着证券发行规模的扩大和证券市场对国民经济影响的增强，国家开始对证券发行的相关制度进行规范，为了加强证券市场的宏观管理，统一协调有关政策，建立健全证券监管的工作制度。1992 年10 月，国务院证券管理委员会（简称"国务院证券委"）和中国证券监督委员会（简称"证监会"）的成立标志着中国证券市场开始逐步纳入全国统一监管框架。国务院于 1992 年 12 月颁布了《关于进一步加强证券市场宏观管理的通知》（简称《通知》），将证券发行的审批权由人民银行划归国务院证券委实施，中国证监会是其监督管理的执行机构。《通知》还对股票发行的审批程序做出了明确的规定，《通知》指出，"经过批准的股份制试点企业，经证监会认可的资产评估机构和会计师事务所进行资产评估和财务审核后，向企业所在地的省级或计划单列市人民政府提出公开发行上市股票的申请，地方企业由省级或计划单列市人民政府在国家下达给该地的规模内审批；中央企业由其主管部门商企业所在地的省级或计划单列市人民政府在国家下达给该部门的规模内审批；被批准的发行申请送证监会进行资格复审后，由上海、深圳证券交易所发行上市委员会审核批准，报证监会备案（同时抄报证券委），十五日内无异议即可发行。何时上市，由证券交易所发行上市委员会确定"。1998 年国务院证券委员会被撤销，证监会成为股票发行的审批机构。

2001 年 3 月，我国资本市场新股发行由审批制改为核准制，确立了以强制性信息披露为核心的事前问责、依法披露和事后追究的责任机制，并初步建立起证券发行监管的法规体系，提高了发行审核工作的程序化和标准化程度，股票发行上市实施主承销商推荐制（实行通道限制①）。相对于审批制而言，核准制使得股票发行在一定程度上实现了市场化定价，但是核准制仍然存在行政控制环节过多、审批程序复杂等问题，发行人资格审查、发行规模、发行乃至上市时间等，在很大程度上都由监管机构决定。2004 年 2 月，《证券发行上市保荐制度暂行办法》实施，发行上市主承销商推荐制正式过渡到保荐制度。同时，建立了保荐机构和保荐代表人问责机制。同年末，《股票发行审核委员会暂行办法》②实施，取消了发行审核委员会委员身份保密的规定，将表决方式改为记名制，建立了发审委员会的问责机制和监督

---

① 通道限制，是指由监管部门确定各家综合类证券公司所拥有的发股通道数量，证券公司按照发行 1 家再上报 1 家的程序来推荐发股公司的制度。该制度旨在通过行政手段限制证券公司同时推荐的发行人数量，实现对准上市公司数量乃至扩容节奏的控制。2004 年 2 月保荐制度正式实施后，中国证监会做出保荐制与通道限制并行的过渡性安排。2005 年 1 月，通道限制正式废止。

② 发行审核委员会（简称"发审委"）成立于 1999 年 9 月，是对申请发行股票的公司资质进行审核的专业机构，旨在解决发行审核权力过度集中的问题。当时，发审委由中国证监会、其他有关部委和证券交易所的代表及学者等共 80 人组成，每次发审会从中选择 9 人参加，名单保密。发审会的审核意见以投票表决方式形成，这是证监会核准股票发行上市的最终依据。投票采取无记名方式，同意票数达到三分之二即为通过。2003 年 12 月，证监会公布《股票发行审核委员会暂行办法》，对发审委制度做出改革，委员人数由 80 人减至 25 人，其中 13 人为专职委员，每次会议由 7 名委员参加，5 名同意即为通过，投票方式改为记名投票，建立了发审委的问责机制和监督机制，强化委员的审核责任。2007 年 5 月，针对股权分置改革后发行量增大的新情况，发审委委员在人员组成上做了调整，总人数不变，专职委员由 13 名增至 17 名。

机制，使核准制下市场参与者各负其责、各担风险的原则得到落实，实现了发行制度市场化改革目标的第一步。

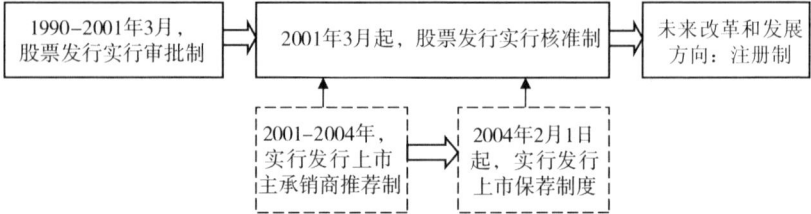

图3.2 股票发行制度改革历程

资料来源：中国证券监督管理委员会，中国资本市场

发展报告，中国金融出版社，2008

　　我国股票发行制度的另一个核心特征是额度制，即对股票发行的规模进行计划控制，这是为了防止在当时的背景下股票发行对金融系统造成冲击和股市发展失控。1992年12月国务院发布的《国务院关于进一步加强证券市场宏观管理的通知》（简称《通知》）明确规定："1993年证券发行的规模，由证券委根据有关部门提出的计划，结合全国经济发展情况提出计划建议，经国家计委综合平衡后，报国务院审批。分地区、分部门的年度规模，由国家计委会同证券委下达。各省、自治区、直辖市及计划单列市和国务院有关部门可在国家下达的规模内，各选择一两个经过批准的股份制企业，进行公开发行股票的试点（广东、福建、海南三省经批准可以适当增加试点企业数目）。"《通知》还要求"未经国家批准擅自公开发行股票、信托受益证券和超出国家规定范围发行内部股权证的地区，必须进行清理整顿并写出报告，经证券委审查合格后，再下达规模"。1996年12月中国证监会发出《关于股票发行工作若干规定的通知》，将原来的"总量控制，限制额度"的新股发行管理办法改为"总量控制，限报家数"，但规定以前没有用完的额度可以继续使用。这一阶段，我国股票发行遵循了"总量控制、划分额度"的原则，这种自上而下与自下而上相结合计划制订与分解方式正是中央计划经济的典型特征（李东平，2001）。

（二）国有控股在上市公司中的主体地位

从股票发行制度可以看出，中国证券市场是在传统计划经济体制下萌芽，社会主义市场经济体框架下孕育，伴随着国有企业公司制改革的过程快速成长起来的（李东平，2001）。我国传统计划经济的制度背景决定了我国企业改革的主体必然是国有企业，1992 年党的十四大明确提出将建立现代企业制度作为国有企业改革的方向，1993 年十四届三中全会通过的《中共中央关于建立社会主义市场经济体制若干问题的决定》中，进一步明确了国有企业建立现代企业制度的目标和步骤。根据上述要求，国务院于 1994 年 11 月颁布了《关于选择一批国有大中型企业进行现代企业制度试点的方案》，决定在全国选择 100 家不同类型的国有企业进行建立现代企业制度的试点，随着改革的逐步推进，试点的范围进一步扩大。

国有企业建立现代企业制度的第一步就是对国有企业进行股份制改造，《股份制试点企业办法》（简称"《办法》"）指出，股份企业试点的首要目标是"转换企业经营机制，促进政企职责分开，实现企业的自主经营、自负盈亏、自我发展和自我约束"。《办法》还规定，股份制企业的股权设置根据投资主体的不同有四种形式：国家股、法人股、个人股、外资股。由于我国证券市场与国有企业改革几乎同步发展，这就使得通过改制上市成为国有企业股份制改革的最为便捷的途径之一。而且我国在证券市场发展初期所施行的股票发行的审批制与额度制又为国有企业改制上市提供了制度上的便利，在计划经济体制下，政府与国有企业的紧密联系，决定了当政府掌握着企业股票发行的审批权力时，必然表现出对国有企业上市的倾向性。无论是中央政府，还是地方政府在拥有了企业股票发行的额度分配权后，都无一例外地把额度分配到了其所辖下的国有企业之中。20 世纪 90 年代中期，股票市场所承担的为国有企业改革服务的使命更被寄予厚望，政府希望通过更多的国有企业上市来推动国有企业改革。中国证监会于 1996 年 12 月颁发的《关于股票发行工作若干规定的通知》中明确提出，"各地、各部门在执行 1996 年度新股发行计划中，要优先考虑国家确定的 1000 家（特别是其中 300 家）重点企业，以及 100 家全国现代企业制度试点企业和 56 家试点企业集团。"

股票发行的特殊制度安排、证券市场发展与国有企业股份制改革的同步化进程以及股票发行带来的额外的资本收益（李增泉，2006），使得国有企业改制上市成为我国上市公司最主要的形成渠道，再加上国有非流通股这一限制性制度安排，使得我国境内上市公司几乎是清一色国有控股上市公司，国有控股在上市公司中占据了主导地位。根据中国经济金融数据库（CCER）的统计数据，截至2007年年底，沪深两市1545家上市公司中有1253家设有国有股，其中国有控股上市公司为934家，占上市公司总数比重超过60%，民营控股和集体企业控股公司分别为532家和44家（上海证券交易所研究中心，2006）。在934家国有控股上市公司中，由中央政府所属企业作为终极控制人的有235家，由地方政府所属企业作为终极控制人的有699家。尽管中央企业控股上市公司相对于沪、深两市全部上市公司在数量上所占比例仅有15%左右，但由于这些上市公司规模较大，其对我国证券市场具有举足轻重的影响。从反映我国证券市场走势的上证指数和深证指数的成分股构成来看，央企控股上市公司所占比例均超过20%，而且多数属于权重股之列（表3.1）。

表3.1　央企控股上市公司在沪深两市指数样本中的比重

指数类别	上证180指数	沪深300指数	上证50指数	深证指数
成分股数量	180	300	50	40
央企控股数量	37	63	12	10
央企控股占比（%）	20.56	21.00	24.00	25.00

资料来源：作者根据上海证券交易所与深圳证券交易所公布的数据整理而得（其中央企控股上市公司不包含金融类，成分股构成中包含金融类，数据截至2008年5月）

从上面对我国证券市场发展的历程与国有企业改革的演进可以看出，近15年来，我国证券市场发展与国有企业改革紧密地交织在了一起，一方面，在传统的计划经济体制影响下，特别是股票发行制度对国有企业的倾斜下，证券市场为国有企业改制上市提供了便捷的途径和通道；另一方面，大批国有企业对改制上市的需求推动了证券市场的发展。正是在证券市场与国有企业改革的交互作用下，我国上市公司从数量上实现了快速的增长，上市公司数量从 1992 年的 53 家增长到了 2007 年的 1500 多家，在这个过程中以国有控股为主体的上市公司格局一直没有改变，这也形成了我国证券市场最典型的特征之一。

三、股权分置与股权分置改革

股权分置现象的产生源于市场发展早期社会各界对股份制以及资本市场功能与定位的认识不统一，同时，当时国有资产管理体制的改革还处在初期阶段，国有资本运营的观念还没有建立。作为历史遗留的制度性缺陷，股权分置在诸多方面制约了中国资本市场的规范发展和国有资产管理体制的变革，随着新股发行上市的不断积累，其对资本市场改革开放和稳定发展的不利影响也日益突出（中国证券监督管理委员会，2008）。

（一）股权分置产生的制度背景

国有企业在进行股份制改革时，其中一个根本原则就是企业在实行股份制改革后，公有制的主导地位不能受到影响。因此，在国有企业改制上市时，为了保持国有股的控制权，都尽量保证国有股在总股本中占比保持 50% 以上的原则。同时，当初对国有企业进行股份制试点时，主要采用了增量股份制的办法，即将国有企业原有的净资产折成国有股份后，再多发出一部分股权形成增量股份对外发行，为了保证国有资产不流失，就只允许公开发行的那部分增量股份可以上市交易或转让，而国有资产折股后形成的那部分股份就留存不动，既不可以流通，也不可以转让。这种股权分置的制度设计成为中国股市区别于其他任何市场的最具特色的国情，而且成为影响着我国国有企业公司治理特征的一个最为重要的制度基础。

2003 年年底，证监会主席尚福林、副主席屠光绍在公开的谈话中，都首次认可了中国股市与西方股市存在显著的差异性，承认中国股市存在特殊的"股权分置"问题。随后经济学界的理论讨论和国务院官方文件中都普遍采用了"股权分置"这个词，市场也很快接受了这个词汇，"股权分置"成了大家现阶段共同引用的词汇。我国证券市场的股权分置状态下的国有股不可流通，造成了国有股权一股独大。这就造成虽然一些上市公司建立起了股东会、董事会和监事会为核心的公司治理结构，但没有从根本上实现公司治理机制的根本转变，以致公司在财务管理、人事任命、考核激励、经营决策机制上仍然在很大程度上沿袭国有企业的旧有体制，这也是行政型治理依然在国有控股上市公司占据重要地位的主要原因。

股市创立之初把股权分别设置即分置为流通股、暂不流通股，除了影响流通量和上市供应量的大小，本身并不构成制度歧视，投资者也并没有给予这种股权分置状态给予足够认知。对股权分置状态的认知是在 1996 年前后非流通股开始按净资产值协议转让，市场同时发生了重新估值的大幅上涨之后出现的。当非流通股也开始可以按市场价流通，而这个市价又是被引进的所谓市场化发行和增发吹大到近百倍市盈率的时候，突然宣布流通股股东用高价购买的股票只与别人低价购买的权益完全相同。投资者认识到，同一公司的普通股具有相同的投票权和分红权，但一个是低价从而高收益低风险，一个是高价从而低收益高风险。尽管在法律上流通股与非流通股同股同权，但经济现实中它们具有完全不同的价格和权利。这种股权分裂状况的持续、反复和被市场参加者与规则制定者的不断确认，就造成了 A 股含权的普遍市场认知。这就决定了中国证券市场改革面对的下一个核心问题就是解决股权分置问题，其本质是要把不可流通的股份变为可流通的股份，真正实现同股同权，从而促进证券市场制度和上市公司治理结构的改善。

（二）股权分置改革

自股权分置问题引起关注以来，我国就开始了对这个问题的探索，从最初的国有股减持，到全流通，最后发展到以同股同权为目标的股权分置改革。国有股减持包含的是通过证券市场变现和国有资本退出的概念；全流通包含了不可流通股份的流通变现概念；而解决股权分置问题是一个改革的概念，其本质是实现机制上的转换，即通过非流通股股东和流通股股东之间的利益平衡和协调机制，消除 A 股市场股份转让的制度性差异，要把不可流通的股份变为可流通的股份，真正实现同股同权，这是我国资本市场基本制度建设的一个重大突破。

我国资本市场股权分置改革的进程伴随国家相关部门的一系列指导意见

向前推进。2004年1月31日，国务院发布《国务院关于推进资本市场改革开放和稳定发展的若干意见》（国发〔2004〕3号），其中规定"积极稳妥解决股权分置问题。规范上市公司非流通股份的转让行为，防止国有资产流失。稳步解决目前上市公司股份中尚不能上市流通股份的流通问题。在解决这一问题时要尊重市场规律，有利于市场的稳定和发展，切实保护投资者特别是公众投资者的合法权益"。这标志着我国上市公司股权分置改革正式提上日程。2005年4月29日，证监会发布《关于上市公司股权分置改革试点有关问题的通知》（证监发〔2005〕32号），规定："（1）中国证监会根据上市公司股东的改革意向和保荐机构的推荐，协商确定试点公司。试点上市公司股东自主决定股权分置问题解决方案。（2）试点上市公司董事会应当聘请保荐机构协助制订股权分置改革方案，对相关事宜进行尽职调查，对相关文件进行核查，出具保荐意见，并协助实施股权分置改革方案。保荐机构应当指定三名保荐代表人具体负责保荐事宜。（3）试点上市公司的非流通股股东应当承诺，其持有的非流通股股份自获得上市流通权之日起，至少在十二个月内不上市交易或者转让。持有试点上市公司股份总数百分之五以上的非流通股股东应当承诺，在前项承诺期期满后，通过证券交易所挂牌交易出售股份，出售数量占该公司股份总数的比例在十二个月内不超过百分之五，在二十四个月内不超过百分之十。"这标志着我国上市公司股权分置改革工作正式启动。

2005年5月，证监会和国资委等部门相继颁发了《上市公司股权分置改革试点业务操作指引》（简称"《指引》"）和《关于做好股权分置改革工作的意见》（简称"《意见》"）。《指引》主要规定了上市公司在股权分置改革过程中应履行的披露义务以及股权分置改革说明书应包含的内容，保荐意见书的内容等。《意见》主要提出大中型上市公司要积极进行股权分置改革，要积极利用股权分置改革进一步健全现代企业制度，使资产的保值增值具有更加公开、公平、公正的价值评判基础。各级国有资产监督管理机构要积极支持股权分置改革试点工作。随后，三一重工、紫江企业、金牛能源和清华同方4家公司成为第一批股权分置改革试点公司，这标志着股权分置改革试点工作在我国证券市场开始启动。

随后，财政部、国家税务总局、证监会、国资委就股权分置改革中的一些具体问题相继颁布了相关规定。2005 年 6 月 13 日，财政部、国家税务总局联合发布《关于股权分置试点改革有关税收政策问题的通知》（财税〔2005〕103 号），规定："股权分置改革过程中因非流通股股东向流通股股东支付对价而发生的股权转让，暂免征收印花税；股权分置改革中非流通股股东通过对价方式向流通股股东支付的股份、现金等收入，暂免征收流通股股东应缴纳的企业所得税和个人所得税。"2005 年 6 月 16 日，证监会发布《关于上市公司控股股东在股权分置改革后增持社会公众股份有关问题的通知》（证监发〔2005〕52 号），规定："实施股权分置改革后的上市公司控股股东，为避免公司股价非理性波动，维护投资者利益，维护上市公司形象，可增持社会公众股份。"2005 年 6 月 17 日，国务院国资委颁布《国务院国资委关于国有控股上市公司股权分置改革的指导意见》，规定："国有控股上市公司及其国有股股东、各级国有资产监督管理机构要从改革全局出发，积极支持股权分置改革工作。通过股权分置改革，发挥国有控股上市公司在资本市场中的导向性作用，促进资本市场实现长期、稳定发展。"

2005 年 8 月 23 日，中国证监会、国资委、财政部、中国人民银行和商务部联合发布《关于上市公司股权分置改革的指导意见》，中国证监会发布《上市公司股权分置改革管理办法》，标志着股权分置改革全面推进。截至2007 年底，沪、深两市共有 1298 家上市公司完成或者已进入股权分置改革程序，占应改革公司的 98%；未完成改革的上市公司仅 33 家，标志着股权分置改革工作在两年的时间里基本完成。

股权分置改革的顺利完成使国有股、法人股、流通股利益分置、价格分置的问题不复存在，各类股东享有相同的股份上市流通权和股价收益权，各类股票按统一市场机制定价，并成为各类股东共同的利益基础。这也为我国上市公司改善公司治理，实现从行政型治理向经济型治理的转型，提高上市公司质量提供了很好的制度基础。

第二节　中央企业及其管理体制发展演进

一、中央企业的历史沿革

中央企业属于我国国有企业中的一个重要分类，是由国务院国资委直接管理的国有企业。这些企业之所以由作为国务院特设机构的国务院国资委直接管理，一方面是因为这些企业规模较大，很多都是关系到国计民生的企业；另一方面则是由这些企业特殊的历史背景所决定。因此，从历史沿革的角度考察中央企业的特殊性能够更好地把握中央企业所处的特殊制度背景。

从中央企业的历史沿革来看，中央企业与中央政府有关部门有着紧密的联系，特别是在人事、业务和资产方面联系更为紧密。按照中央企业发展的历史沿革，可以把中央企业分为如下几种类型：

（一）国家部委转换职能产生的中央企业

新中国成立初期，为了尽快改变我国工业发展落后的局面，国家就行业设置部委，以便集中力量促进相关行业的发展，例如，石油工业部、电力部等。在这个阶段，政府和企业呈现典型的政企不分，部委既承担对行业发展宏观调控的职责，还要管理具体的生产经营，这种体制在特定时期对我国的工业发展起到了积极的推动作用。20世纪八九十年代，根据中国国内市场经济发展的需要和政府职能转换的要求，这些因行业而设置的部委逐一被撤销，并以其所辖主要资源和资产为依托改制为企业。这些企业依然由中央直接管理，并享有相应的行政级别。这也成为中央企业形成的最主要的途径。

以中国石油天然气集团公司为例，其历史沿革最早可追溯到1950年4月燃料工业部石油管理总局，随后依次调整为石油工业部、燃料化学工业部、石油化学工业部，直到1978年的石油工业部；20世纪80年代初，从石油工业部分离出中国海洋石油总公司和中国石油化工总公司；1988年9月17日，根据中国国内市场经济发展的需要和政府职能转换的要求，国务院撤销石油工业部，以其所辖主要资源和资产为依托，成立中国石油天然气总公司。作为中国的一家大型国有企业，中国石油天然气总公司主要从事石油、天然气上游领域的生产业务，兼有部分政府管理、调控职能。1998 年 7 月 27 日，根据国际国内环境的变化和国务院组建国际化大集团、大公司的要求，通过对中国石油天然气总公司业务进一步重组，成立中国石油天然气集团公司（图 3.3）。随后，该公司划归中央大型企业工作委员会管理；1999 年 12 月 1日，中央决定撤销中央大型企业工作委员会，成立中共中央企业工作委员会（简称中央企业工委），其隶属关系相应调整为属于中央企业工作委员会。2003 年国务院国有资产监督管理委员会成立，该公司成为国务院国有资产监督管理委员会直接管理的中央企业。

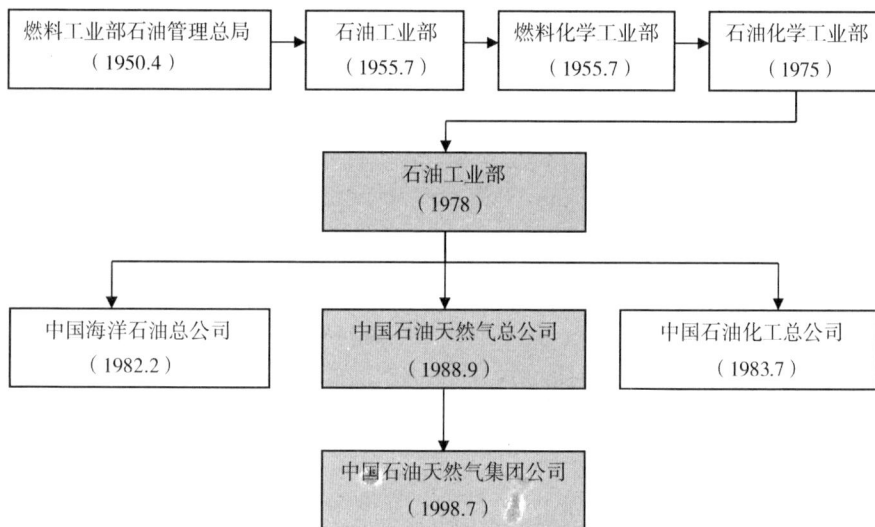

图 3.3　中央企业发展历史沿革（国家部委—中央企业）

资料来源：根据中国石油天然气集团公司网站资料编制

（二）国家事业单位改制产生的中央企业

在中央企业中，有一批企业发展的历史沿革可以追溯到科研院所等国家事业单位，这些单位最初多隶属于各行业部委，承担着科研和一定的生产职能，这些单位往往成为该行业科学技术水平最高的研究机构。同时，这些事业单位一般都承担着所属部委的一部分行政职能，并且同样具有和政府部门一样的行政级别。按照政府职能转变的要求，特别是一些部委的撤销，这些部委所属事业单位开始向科技型企业转变，成为由中央或专门机构管理的中央企业。例如，电信科学技术研究院、北京矿冶研究总院、北京有色金属研究院、煤炭科学研究总院等都属于这种类型的企业。

以北京矿冶研究总院为例（图3.4），其最早可追溯到1956年4月8日重工业部决定组建的重工业部选矿研究设计院；1958年4月原北京钢铁研究院所属黑色金属选矿研究室成建制并入该院，更名为冶金工业部选矿研究院；1960年11月24日，冶金工业部又决定将地质研究所与选矿研究院合并，增建采矿研究室，更名为北京矿山研究院。1963年3月22日，国家科委根据冶金工业部报告批示，为了加强有色金属科学研究，加强地质工作，将地质研究部分划出成立独立的地质研究所，北京矿山研究院更名为北京矿冶研究院。1970年11月，冶金工业部下达［1970］冶生字634号文，根据"战备"的需要，将冶金部北京矿冶研究院分别下放河北省和甘肃省，实行部、省双重领导，以省为主管理。其间抽调了专业配套的科技人员及职工152名和部分装备赴甘肃省白银市建立了白银矿冶研究所（现为西北矿冶研究院）。1978年1月，为了加速我国的矿冶技术开发，国家计委决定北京矿冶研究院隶属于冶金工业部，1979年4月更名为冶金工业部矿冶研究总院，1983年4月划归中国有色金属工业总公司领导。同年11月更名为北京矿冶研究总院。1997年经国家科委批准，该院正式被列为国家重点科研院所试点单位。

1998年3月，国务院决定解散中国有色金属工业总公司，组建国家有色金属工业局，隶属于国家经贸委，该院随之隶属于国家有色金属工业局。1999年国务院决定将国家经贸委管理的10个国家局所属242个科研机构从7月1日起转制为科技企业，根据《关于印发国家经贸委管理的10个国家局所属科研机构转制方案的通知》，该院（包括西北有色金属研究院）转制成为中央直属大型科技企业，西北有色金属研究院同时划入该院。自此，该院党政分别隶属于中央国家机关工作委员会和大型企业工作委员会。1999年12

月1日，中央决定撤销中央大型企业工作委员会，成立中共中央企业工作委员会（简称中央企业工委），该院即隶属于中央企业工作委员会。2003年国务院国有资产监督管理委员会成立，该院隶属关系再次发生变化，隶属于国务院国有资产监督管理委员会。

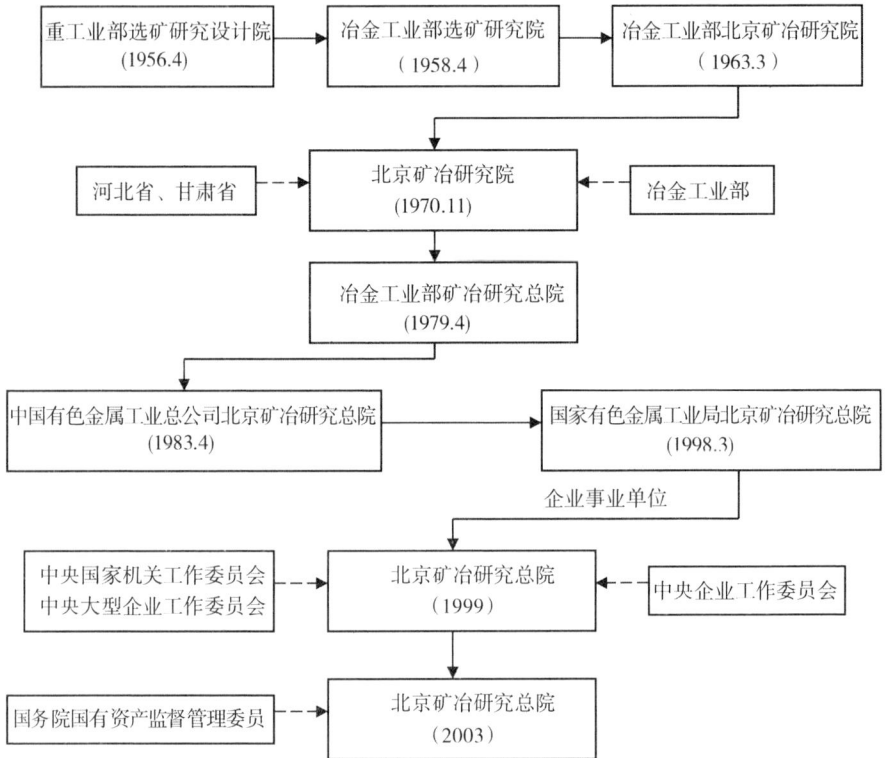

图3.4　中央企业发展历史沿革（国家事业单位—中央企业）

资料来源：根据北京矿冶研究总院公司网站资料编制

（三）军管企业改制产生的中央企业

还有一些中央企业最早可以追溯到属于中央军委及所属军队管理的企事业单位，这些单位最初只是为军队生产军用产品、设备或提供后勤保障。随着国家军队管理体制的改革，这些单位开始转向提供军、民两方面的产品，同时，这些企业慢慢也剥离开军队的编制，逐渐过渡到由中央或地方管理。

这样，就形成了一批以军工企业为基础、和军方关系紧密的中央企业。例如，中国兵器工业集团公司、中国兵器装备集团公司、新兴铸管（集团）有限公司等。

以新兴铸管（集团）有限公司为例（图3.5），其最早可追溯到1971年由中国人民解放军铁道兵第2672工厂，是铁道兵最早的师级企业单位，是我军唯一的钢铁厂，也是世界唯一的军队钢铁企业。1984年，该工厂移交解放军总后勤部管理，总后对工厂实行"放水养鱼、滚动发展"的特殊优惠政策——五年内不交利润，为工厂积累了上亿元的生产发展基金，工厂在8年间从一个小钢铁企业发展成为中国铸管行业的龙头企业，跻身世界铸管企业三强行列。1996年作为国家"百户现代企业制度"试点单位，由工厂制转换为公司制，组建为新兴铸管（集团）有限责任公司。1997年，其生产经营主体又进一步改组为上市公司，独家发起成立新兴铸管股份有限公司。2000年10月，根据中共中央、国务院、中央军委决定，解放军总后勤部将所直接管理

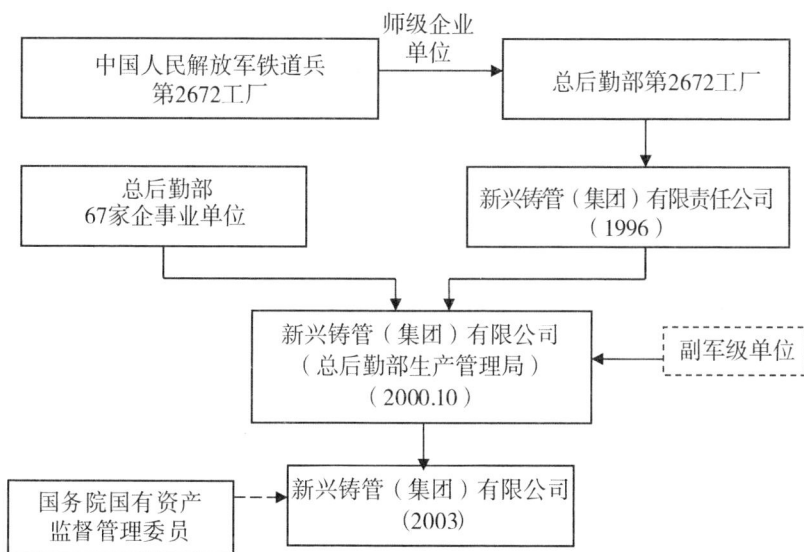

图3.5　中央企业发展历史沿革（军管企业——中央企业）

资料来源：根据新兴铸管集团有限公司网站资料编制

的原军需企事业单位划归新兴铸管集团，变更登记为"新兴铸管（集团）有限公司"［与总后勤部生产管理局（副军级）一套机构两套牌子］，并逐步向中央整体移交。2003年国务院国有资产监督管理委员会成立，该公司直接隶属于国务院国有资产监督管理委员会。

（四）政府型企业改制产生的中央企业

还有一些中央企业从历史沿革看，其前身属于国家为了对外交流而成立的一些政府特许经营的企业，这些企业完全按照政府的行政型指令生产经营，并没有按照市场模式运作。同时，这些企业也承担了一部分本应由政府部门行使的分配生产配额的职能，因此，这类企业属于典型的政府型企业。相对于前面三种途径产生的中央企业，由于政府型企业改制产生的中央企业在一定程度上按照企业模式运行，其对政府的依赖性和关联性相对较弱。

以中粮集团有限公司为例（图3.6），其最早可追溯到1952年9月组建的代表国家经营粮食、油脂等大宗农产品以及食品的出口业务的中国粮谷出口公司、中国油脂出口公司和中国食品出口公司。1953年1月中国粮谷出口公司与中国油脂出口公司合并为中国粮谷油脂出口公司，1961年1月中国粮谷油脂出口公司与中国食品出口公司合并成立中国粮油食品进出口公司。1965年，公司更名为"中国粮油食品进出口总公司"；1998年，公司更名为中国粮油食品进出口（集团）有限公司，并被列为中央大型企业工委管理的163家国有重点企业之一，1999年年底中粮被列为中央直接管理的国有重要骨干企业之一。2003年国务院国有资产监督管理委员会成立后，该公司成为国务院国有资产监督管理委员会直接管理的中央企业，并于2007年更名为中粮集团有限公司。

从上述中央企业发展的历史沿革看，中央企业与中央政府的相关部门有着天然的"血缘关系"，一方面，一些中央企业在业务上要接受相关部委的指导和管理；另一方面，一些中央企业的领导人员由相关部委人员委派或担任，和政府部门关系紧密。中央企业这种特殊的历史沿革也是中央企业区别于其他国有企业的重要的历史根源，这直接影响着中央企业的发展及其管理体制演变。

```
┌─────────────────┐   ┌─────────────────┐   ┌─────────────────┐
│  中国粮谷出口公司  │──→│  中国油脂出口公司  │──→│  中国食品出口公司  │
│    （1952.9）    │   │    （1952.9）    │   │    （1952.9）    │
└─────────────────┘   └─────────────────┘   └─────────────────┘
          │                                          
          ↓                                          
  ┌─────────────────────┐                            
  │   中国粮谷油脂出口公司   │                          
  │      （1953.1）      │                            
  └─────────────────────┘                            
             │                                       
             ↓                                       
    ┌─────────────────────┐                          
    │  中国粮油食品进出口公司  │                        
    │      （1961.1）      │                          
    └─────────────────────┘                          
             │                                       
┌───────────────┐   ┌───────────────────┐   ┌───────────────────┐
│ 中国粮油食品进出口 │──→│  中国粮油食品进出口  │──→│  中国粮油食品（集团）  │
│ 总公司（1965）  │   │ （集团）有限公司（1988）│   │  有限公司（2004）   │
└───────────────┘   └───────────────────┘   └───────────────────┘
                                │                    
                                ↓                    
                       ┌─────────────────┐           
                       │  中粮集团有限公司   │          
                       │    （2007）     │           
                       └─────────────────┘           
```

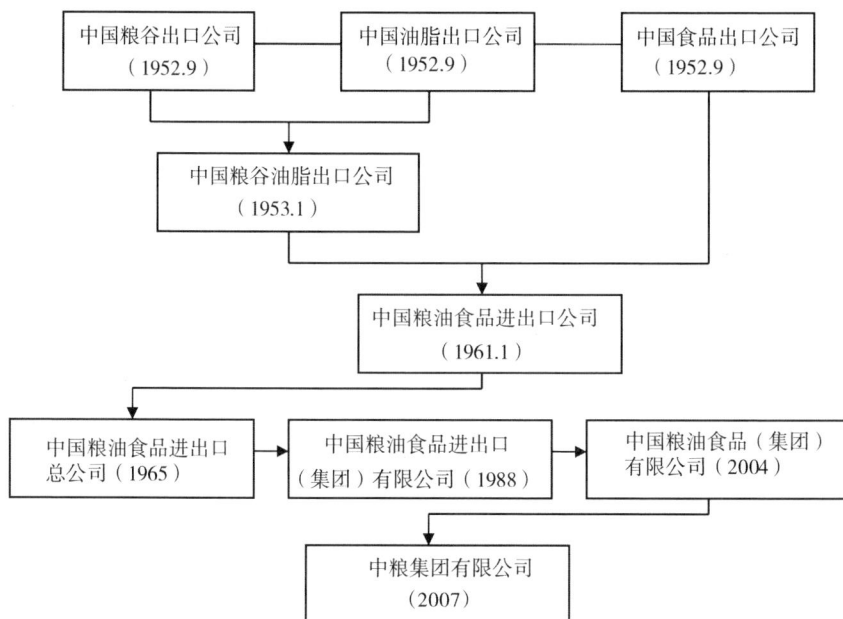

图 3.6　中央企业发展历史沿革（政府型企业—中央企业）

资料来源：根据中粮集团有限公司网站资料编制

二、国资委监管下的中央企业管理体制

从上述中央企业发展的历史沿革来看，随着 20 世纪 90 年代中后期政府机构的改革①，中央企业逐渐脱离了原来靠行政隶属关系管理企业的专业部委，但随之而来的问题是国有资产出资人的职能开始由 9 个部门分割行使。其中，5 个部门承担了主要的出资人职能：财政部行使收益及产权变更管理职能；中央大型企业工委行使选择经营者的职能；国家经贸委行使重大投资、技改投资的审批及产业政策的制定，国企的破产、重组、兼并、改制等职能；国家计委行使基本建设投资管理职能；劳动部负责审批企业工资总

---

① 1998 年 3 月，九届人大一次会议通过国务院机构改革方案，国务院组成部门从 40 个精简为 29 个，撤销了 10 多个行业主管部，缩减为经贸委管理的 9 个行业主管局。经过两年多的过渡，又将 9 个管理局全部撤销。

额。由此带来的主要问题是中央企业被多头管理，缺乏明确的国有资产出资人代表，导致企业缺乏应有的监管，产权责任不明确，从而严重制约了国有企业的进一步改革。

正是在这种背景下，2002 年党的十六大指出国有资产管理体制改革的方向，即"国家要制定法律法规，建立中央政府和地方政府分别代表国家履行出资人职责，享有所有者权益，权利、义务和责任相统一，管资产和管人、管事相结合的国有资产管理体制。关系国民经济命脉和国家安全的大型国有企业、基础设施和重要自然资源等，由中央政府代表国家履行出资人职责"。2003 年 3 月 24 日，根据第十届全国人民代表大会第一次会议批准的国务院机构改革方案和《国务院关于机构设置的通知》，国务院国资委正式成立。国务院国资委将原国家经贸委、中央企业工委以及财政部等有关国有资产管理的部分职能整合了起来，通过国务院授权，代表国家履行出资人职责，对中央所属企业（不含金融类企业）的国有资产实施监管。

按照国务院的规定，国务院国有资产监督管理委员会主要履行如下职责：

（1）根据国务院授权，依照《中华人民共和国公司法》等法律和行政法规履行出资人职责，指导推进国有企业改革和重组；对所监管企业国有资产的保值增值进行监督，加强国有资产的管理工作；推进国有企业的现代企业制度建设，完善公司治理结构；推动国有经济结构和布局的战略性调整。

（2）代表国家向部分大型企业派出监事会；负责监事会的日常管理工作。

（3）通过法定程序对企业负责人进行任免、考核并根据其经营业绩进行奖惩；建立符合社会主义市场经济体制和现代企业制度要求的选人、用人机制，完善经营者激励和约束制度。

（4）通过统计、稽核对所监管国有资产的保值增值情况进行监管；建立和完善国有资产保值增值指标体系，拟订考核标准；维护国有资产出资人的权益。

（5）起草国有资产管理的法律、行政法规，制定有关规章制度；依法对地方国有资产管理进行指导和监督。

为了有效地履行上述职责，国务院国资委设置政策法规局、业绩考核局、统计评价局、产权管理局、规划发展局、企业改革局、企业改组局、企业分配局、企业领导人员管理一局、企业领导人员管理二局、纪检监察局和收益管理局等分别履行对中央企业的管理职能。这些职能部门的设置有利于国务院国资委更好地履行出资人职责，但是另一方面，我们从这些部门的设置就可以看出，国务院国资委在履行出资人职责的同时，还部分地承担规则制定者的政府角色和企业战略决策以及高级管理人员选聘、任命者的董事会角色。为使中央企业尽快适应新的国有资产管理体制的要求，国务院国资委决定选择部分中央企业进行建立和完善国有独资公司董事会试点工作。

三、国有独资公司董事会建设

国务院国资委建立后，为了使中央企业尽快适应新的国有资产管理体制的要求，国资委能够依法规范地行使出资人权利，国务院国资委决定选择部分中央企业进行建立和完善国有独资公司董事会试点工作，推进股份制改革，完善公司法人治理结构，加快建立现代企业制度。国有独资公司董事会建设试点的主要目的之一就是将国资委对国有独资公司履行出资人职责的重点放在对董事会和监事会的管理，既实现出资人职责到位，又确保企业依法享有经营自主权①。随后的《国务院国有资产监督管理委员会关于国有独资公司董事会建设的指导意见》明确规定国有独资公司董事会要执行国资委的决定，对国资委负责，最大限度地追求所有者的投资回报，完成国家交给的

---

① 根据《国务院国有资产监督管理委员会关于中央企业建立和完善国有独资公司董事会试点工作的通知》，国有独资公司董事会建设试点的目的包括：对于可以实行有效的产权多元化的企业，通过建立和完善国有独资公司董事会，促进企业加快股份改革和重组步伐，并为多元股东结构公司董事会的组建和运转奠定基础；对于难以实行有效的产权多元化的企业和确需采取国有独资形式的大型集团公司，按照《中华人民共和国公司法》（以下简称《公司法》）的规定，通过建立和完善董事会，形成符合现代企业制度要求的公司法人治理结构；将国资委对国有独资公司履行出资人职责的重点放在对董事会和监事会的管理，既实现出资人职责到位，又确保企业依法享有经营自主权。

任务，同时还对董事会的权利和义务、董事会构成做出了比较明确的界定，并且把外部董事制度作为董事会试点工作的重点所在。

2005 年 10 月 17 日，宝钢集团依照《公司法》改建为规范的国有独资公司，成为第一家外部董事全部到位且超过董事会成员半数的中央企业。到 2006 年底，董事会建设试点企业扩大到 19 户，外部董事人数增加到 65 人。从试点企业层面看，董事会试点建设在完善公司法人治理结构，加快建立现代企业制度方面确实取得了较好的效果，董事会工作机构和工作制度得到确立，董事会开始运作，并发挥了积极的作用。例如，2006 年，6 户已建立董事会的试点企业分别召开了 4~7 次会议，董事会就战略规划、预算决算、薪酬考核、重组改制、机构设置、投资担保、制度建设等进行了决策。

董事会建设试点工作的展开也揭示了一些典型的问题，主要包括：董事会运作中如何规范董事长与总经理的关系，尤其是在目前绝大多数董事长都是专职的、非外部董事的情况下，如何做到既不弱化董事会、董事长的职权，又能够充分发挥总经理以及经理层在执行性事务中的作用；随着规范董事会的建立和完善，国资委要转变管理方式，强化股东职能，规范与董事会之间的关系；建立规范董事会制度如何与企业党组织发挥政治核心作用相结合。

第三节　行政型治理与经济型治理融合下的董事会治理有效性模型

一、中央企业控股上市公司的行政型治理特征

中央企业控股上市公司由于其控股股东的特殊性及特殊的历史沿革和制度背景，使得其具有一些不同于一般国有上市公司治理的典型特征（Berckman 等，2007），这些特征主要源于其控股股东与中央政府的紧密关联性。

（一）国家股一股独大

在对中国国有企业公司治理的理论分析中，"一股独大"被有的学者认

为是中国国有企业特别是上市公司的典型特征（李维安等，2004；陈晓，2005），是产生国有企业其他问题的"万恶之源"（黄诗华，2002；聂长海等，2003）。也有学者（颜旭若 2003）认为，在中国国有上市公司中绝对控股的一股独大状态的存在是由我国的特定政治文化背景决定的，其主要是源于国有企业上市后国有股禁止转让的限制性制度。但是一股独大并不是万恶之源，它对国有企业公司治理存在积极影响，存在国有大股东有利于降低国有上市公司的代理成本（Chen，Fan 和 Wong 等，2004）；进一步的研究还发现，不存在一股独大特点的国有企业在绩效上并没有表现出比一股独大的优势（王勇，2007）。但是，国有企业的一股独大不利于对大股东的制衡，从而更容易导致关联交易的产生，不利于公司治理机制的完善，为此，通过实施国有股减持，通过将国有股的所有权分配给利益不完全一致的政府机构和控股公司，增加控股股东的数量和相互间的制衡能力，改"一股独大"为"多股同大"将更有利于改善国有企业公司治理和保护中小投资者利益（陈晓等，2005）。

对中央企业控股的上市公司而言，国家保持控股地位一方面是因为股票发行时股票转让的限制性制度约束；另一方面，由于中央企业控股上市公司有很大一部分是关系到国民经济命脉或国计民生的行业，因此，基于产业安全考虑，国家有必要保持相对控股地位。中央企业控股上市公司控股股东与政府有着天然的联系，甚至依然属于政府型企业，因此，其带来的两个突出问题就是对上市公司的政府干预（Delios 等，2006）和外部人主导下的"内部人控制"。

（二）政府干预与控制

对中国国有企业的研究不能仅仅关注股权结构，而应该更多地关注国有上市公司背后的政府行为，因为在中国特殊的治理环境下，中国国有企业一股独大状态的存在使得政府控制与干预非常明显，政府干预与控制国有上市公司在中国是一种常态（孙铮等，2005）。中央企业与政府的紧密关系直接导致了政府对中央企业控股上市公司的干预与控制，这也是国有企业公司治理的典型特征之一（Chang 和 Wong，2002）；Lin 等（1998）认为，国有企业与非国有企业的主要区别就是在于其存在政策负担，同时，国有企业股东与政府的双重身份而导致带来的软预算约束降低了国有企业公司治理的规范性；Qian（2000）认为，在东亚国家的国有企业中，政府与国有企业之间存在紧密地联系，这种政府控制下的国有企业成为国有企业公司治理的一个典型特征，他还进一步指出根据政府控制的特征，中国国有企业的公司治理可以分为两个阶段，即增强政府控制的阶段和降低政府控制的阶段；Shapiro 和 Willig（1990）认为，政府对国有企业的控制和干预往往会受到政治家个人利益的影响，他们特别是倾向于从与其政治关系的紧密程度而不是是否合格来影响雇佣经营者的决策；Boycko 等（1996）认为，政府往往通过干预国有企业的雇佣政策来为自己赢得政治支持。

国有企业关键人事任命是政府干预国有企业的另一个重要方面，当然这种任命有可能是间接的，Chen，Fan 和 Wong 等（2004）对中国国有上市公司的研究发现，在国有控股上市公司中，政府保持着任命董事会成员和 CEO 的最终决策权。上海证券交易所研究中心（2006）的一项调查表明，相当大比例国有控股上市公司的高管仍具有行政级别，中央企业直接控股的上市公司中，有 60% 的上市公司董事长具有行政级别，而中央直属企业控股的上市公司中，有一半左右的上市公司董事长和总经理都具有行政级别，这说明中央企业控股上市公司董事长或总经理任命在很大程度上由政府主导。进一步地说，政府往往会通过更为直接的方式影响经营者的薪酬，这一点在政府控制紧密的国有上市公司更为明显（辛清泉等，2007）。

政府对国有上市公司干预的另外一个重要方面就是直接影响公司决策，公司的目标是追求经济绩效，而政府则更关注就业率、投资增长等宏观问题，因此，政府会尽力施加影响将自己的政治目标与上市公司的经济目标相融合，而那些由政府任命的董事或高级管理人员则会为了自己的政治前途而迎合政府的需要，这就是为什么有些国家控股的上市公司财务绩效比其他上市公司差的主要原因（Gupta，2005）。此外，中央企业控股上市公司终极控制人的政府角色，使得对中央企业控股上市公司的政府干预可以通过外部规制的形式来实现，例如，对于中央企业控股上市公司的股权激励问题，财政部和国资委出台了具体的实施意见，具体方案还需要由国资委审批。

（三）内部人控制外部化

国有企业的内部人控制问题最早由青木昌彦在分析转轨国家的公司治理时提出，他认为"在转轨国家中，在私有化的场合，大量的股权为内部人持有，在企业仍为国有的场合，在企业的重大决策中，内部人的利益得到有力的强调"（青木昌彦，1995）。从根本上说，国有企业不存在严格意义上的委托人，这是导致国有企业内部人控制的根本原因之一（Filatotchev 等，1999）。Berglof 等（2007）认为，在新兴市场经济国家的国有企业中，内部人控制问题尤为突出。

对我国国有控股上市公司而言，由于制度变迁的路径依赖性和国有资本的非人格化，导致了"所有者缺位"或"所有者不到位"问题的出现（杨万铭，2003），其直接结果就是国有控股上市公司内部人控制现象的存在（陈湘永等，2000）。周其仁（2000）利用公共过道对真正的所有者缺位状态所导致的内部人控制问题进行了演绎性的解释，他认为公共过道被攫取的主要原因是资源的法律产权和事实上的产权不相一致，这为国有企业"所有者缺位"下的内部人控制提供了很好的注解。在内部人控制的特点上，中国国有上市公司的内部人控制与国外存在明显的区别，杨利（2003）认为，我国国有企业的内部人控制是行政干预下的内部人控制，进一步来说，可以认为是国有大股东直接参与的外部人控制，但是这种外部人控制也是通过成为事实上的内部人而实现的（高新伟，2006）。

在中央企业控股上市公司中，由于股权相对集中，大股东或控股股东可以有效地对"内部人"进行控制，甚至直接成为公司"内部人"，这时主要表现为大股东主导下的内部人控制，这种内部人控制往往通过大股东直接影响公司的经营者任命以及重大战略决策来实现（Harris 等，2007）。禹来（2002）、裴红卫（2004）认为，国家控股上市公司内部人控制的产生根源在于国有股权集中情况下的外部人控制的存在，外部人通过控制企业领导人来实现对企业的控制，这实际上是我国国有企业政企不分的刚性要求，迫使企业负责人将权力向外转移。这使得中央企业控股上市公司治理呈现出典型的

"内部治理外部化"的特征（李维安，2007）。

（四）董事会治理边界模糊

以董事会为核心的公司治理结构模式产生于股权分散的背景下，董事会作为联结股东与经理层的纽带，对公司的正常运作发挥着主导作用。随着美国安然等一系列公司丑闻的暴露，董事会改革成为全球公司治理改革运动的核心内容（宋逢明等，2006）。借鉴美国公司治理的经验和教训，我国上市公司的董事会治理也引入了很多新的制度，其中，董事长与总经理两职分离制度和独立董事制度最为典型。

在欧美国家的制度背景下，董事会的作用被界定为确定公司的目标并确保这些目标的完成（Jones，1988）。因此，董事会的主要功能应该至少包括定义公司目标、批准实现目标的战略和计划、建立公司的政策、任命首席执行官、监督和评估经理层的业绩以及评估自身的业绩（Cadbury，2005），这些职能使得董事会的责任比一般股东的责任更大，董事会成为推动公司目标实现的主要力量。

对中央企业控股上市公司而言，董事会名义职能是按照我国《公司法》第四十七条对董事会职权的规定，但由于控股股东的存在以及终极控制人的政府属性，董事会职能的履行往往受到干预，导致董事会职能模糊：一方面控股股东的过度干预有可能导致董事会职能缺位，另一方面，控股股东对董事会的过度信任也有可能使得董事会职能过度。李维安（2008）认为，一些中国国有上市公司的内部人控制往往是对董事会而言的，因为按照国有企业的管理传统，董事长是"一把手"，因此，董事会控制国有上市公司理所应当，当董事会超越了决策的边界，以董事会为代表的内部人控制就会出现，而当国有大股东过度干预时，董事会往往会处于"外部人控制"下的虚置状态。就中国的制度背景而言，国有企业所有者缺位下的董事会内部控制对公司运营的影响是双向的，一方面可以提高决策效率，另一方面则容易导致内部人侵占上市公司利益。因此，对中央企业控股上市公司而言，董事会治理结构与机制是否有效的评价标准是其能否有效地保障了董事会职能的履行。

总的来看，自国有企业现代企业制度改革的目标确立和《公司法》实施以来，我国上市公司就开始了从行政型治理向经济型治理的转型，经过多年的发展和完善，中央企业控股上市公司也已经基本建立了相对完善的公司治理结构。但是，由于制度惯性和路径依赖，中央企业控股上市公司在很大程度上还受到中央企业政治背景和历史沿革的特殊性的影响，这就决定了中央企业控股上市公司治理是一种行政型治理和经济型治理并存的状态（李维安，2008）。中央企业控股上市公司国家股一股独大是行政型治理存在的制度原因；政府与企业的"政企合一"的传统使得国有企业存在典型的政府依赖，进一步导致了对国有控股上市公司的高度的政府干预；由于控股股东的干预，国有企业的内部人控制则呈现"外部人主导的内部人控制"以及董事会治理边界模糊。另一方面，在分析国家控股所导致的一些问题的同时，也应该注意到国家控股对公司治理和企业价值具有正面影响，在转轨国家，私有化通常简单地以创造一个分散化的股东基础缩短了这一签约过程，从而使得稳定的均衡难以达到，结果就是投资者拥有很少的法律权利，且更易受到控制者机会主义行为的侵害（Coffee，1999），因此，国家拥有公司的控制权具有提高股票市场效率的作用。此外，国家控股带来的政府监督，是在公司治理结构不完善，对管理人员缺乏有效的外部监督机制情况下的次优选择（Qian，1996、2000），斯道延·坦尼夫等（2002）强调了在中国的上市公司中，国家所有权居于支配地位的最重要含义也许是政府对管理层的任命和激励的控制，并借此来控制公司的行为。Blanchard 和 Shileifer（2000）指出，自 1989 年以来，中国和俄罗斯在经济增长上形成差异的一个重要原因是两个国家政府质量的不同，中国政府能够帮助企业发展，中国渐进改革的成功之处就在于保持了相当比重的国有企业，从而避免了产出的 J 形下降。为此，基于中国证券市场对中央企业控股上市公司治理的实证研究必须以经济型治理与行政型治理的融合与并存作为理论前提，并将其经济型治理特征和行政型治理特征综合考虑。

二、中央企业控股上市公司董事会治理有效性的界定

从董事会的起源看，董事会是公司治理一种内生性的制度安排，董事会治理在公司治理中处于核心位置。对我国上市公司而言，公司治理的制度框架更多地来源于借鉴西方国家公司治理的经验，因此，董事会治理更多的是成文法对公司制企业的一种强制性要求。起源于西方制度背景下的董事会治理在中国的制度背景下是否有效显然是衡量公司治理有效性的一个重要方面，对中央企业控股上市公司而言，董事会治理有效性研究必须把行政型治理与经济型治理的融合与共存作为最为重要的制度背景。

（一）中央企业控股上市公司董事会治理有效性的定义

一般而言，董事会治理乃至整个公司治理的核心目标就是为了实现企业的永续发展，有效的董事会治理应该能够产生好的公司绩效，因此，一般的研究往往将公司财务绩效作为衡量董事会治理有效性的关键变量。对中央企业控股上市公司而言，受行政型治理的影响，导致其存在多元化的目标，甚至在某些特殊的情境下，企业的经济职能要让位于公共职能，公司财务绩效目标要让位于社会和谐等非财务目标（孙文，2008），此时，仅仅以财务绩效目标作为衡量董事会治理有效性的关键指标显然有失公允。因此，基于本文研究的需要，应该对中央企业控股上市公司董事会治理有效性重新进行界定。

在一般意义上，董事会治理有效性通过董事会实现定性或定量目标的程度来衡量，也就是说董事会目标的实现程度越高，董事会治理越有效。考虑到中央企业控股上市公司董事会目标的多元化，我们从董事会职能目标的视角来定义董事会治理的有效性，因为董事会为了实现一定的目标和长期持续的发展，必须有效履行其被赋予的职能，才能够做到权力制衡和决策科学，这需要一系列的董事会治理结构和机制安排来保障。基于此，中央企业董事会治理有效性定义为在行政型治理的背景下，作为经济型治理特征的董事会治理结构和机制保障董事会有效运作，进而履行其被赋予职能的程度。

假定 C 是中央企业控股上市公司董事会按照法律、出资人以及利益相关者的要求应该履行职能的集合，D 是董事会的运行目标，$U(B)$ 是董事会治理有效性函数。

则董事会治理有效性可以通过如下函数来表示，

$$U（B）=f（C，D）$$

董事会治理有效性函数的含义包括如下几个方面：第一，有效的董事会治理应该促进董事会按照法律、出资人以及其他利益相关者的要求履行其被赋予的职能；第二，有效的董事会治理应该能够促使董事会确立、引导并帮助实现公司的战略目标；第三，有效的董事会治理应该能够推动董事会引领公司长期、可持续的发展，并履行公司使命。在上述董事会治理有效性函数中，董事会职能是基础性的，因为无论是公司的目标还是使命都是董事会履行职能的结果。

为此，我们可以将上述函数进一步扩展为，

$$U（B）=f（C，D）=f（C，\gamma（C））=\chi（C）$$

其中，

$\gamma（C）$代表董事会运行目标D是董事会职能C的函数

$\chi（C）$代表董事会有效性是董事会职能C的函数

从另一个角度分析董事会治理有效性函数，我们可以认为董事会治理有效性是董事会治理结构和机制等一系列制度安排综合作用的结果，即我们可以认为在其他因素相同的情况下，一组相同的董事会治理结构和机制的制度束组合会映射同一的董事会治理有效性函数值。

基于上述分析，董事会治理有效性函数也可以通过如下函数来表示，

$$U（B）=\varphi（x_1，x_2，\Lambda，x_i，x_n）$$

其中，

$U（B）$——中央企业控股上市公司董事会治理有效性

x_i——中央企业控股上市公司董事会治理结构或机制性因素

综合上述函数的推导与扩展，我们可以将上述变量之间的函数关系作进一步的扩展，最终可以得出董事会职能是董事会治理结构和机制因素的函数，可以如下表述：

$$C=\phi（x_1，x_2，x_3，\Lambda，x_i，\lambda\Lambda，x_n）$$

上述函数的含义包括如下三个方面：第一，董事会职能的履行情况应该受到董事会治理结构和机制因素的影响，即可以把二者之间是否存在相关关

系作为判定董事会治理有效性的依据；第二，有效地董事会治理结构和机制应该能够保障董事会职能的履行，进而促使公司目标的实现；第三，上述董事会职能是一个泛指，实际上所包含的是一个董事会职能组，它们之间是一个"并联关系"，即董事会治理结构与机制等因素对不同董事会职能的影响机理不尽相同。

（二）中央企业控股上市公司董事会治理有效性三要素

根据上述对中央企业控股上市公司董事会有效性的定义，本文所研究的董事会有效性是指董事会能否有效履行所被赋予的职能，实现企业目标，并最终达成公司使命的程度。其中，董事会职能的履行是中央企业控股上市公司董事会有效性实现的基础，董事会治理结构和机制是董事会职能实现的保障。因此，考察中央企业控股上市公司董事会治理有效性主要是把握好三个要素：董事会职能、董事会治理机制和董事会治理结构（图3.7）。

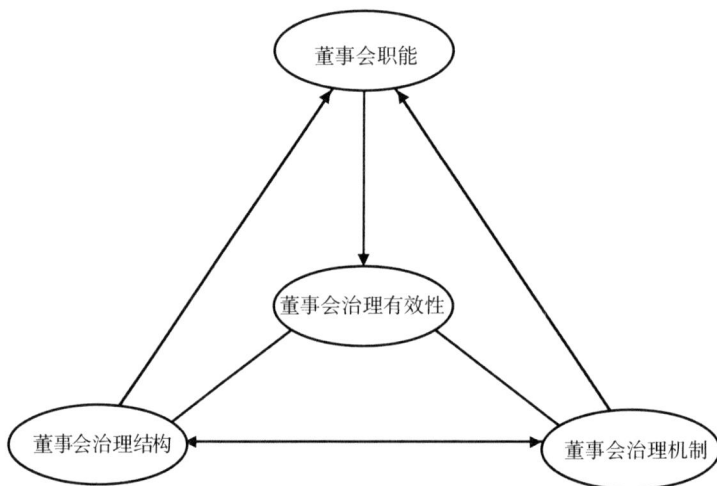

图3.7 董事会治理有效性分析的三个要素

资料来源：作者整理

董事会治理有效性最直接的体现就是董事会职能，董事会治理有效性的首要判断标准就是董事会能否有效履行其职能。因此，董事会治理有效性度量的前提就是明确中央企业控股上市公司董事会职能。

OECD 国有企业公司治理指引对国有企业董事会职能做出了明确的规定，指引规定国有企业董事会应该具备足够的权威、必要的能力和充分的客观性去承担他们的战略指导和监督管理的作用。董事会应该正直行事并为他们的行为负责。为此国有企业董事会应承担如下职能[①]：

A. 国有企业董事会应该被赋予对国有企业经营绩效的明确要求和最终责任。他们应该对所有者负完全责任，为公司的利益最大化行事，公正对待所有股东。

B. 国有企业董事会应该进行客观独立的判断。他们应该由具有相当能力和经验的成员组成，应该包括足够数量的非执行董事和独立董事。由政府行政监管机构进入董事会的成员数量应该受到限制，并且所有董事会成员应该通过透明的程序进行提名和任命。

C. 企业员工代表被任命为董事会成员，应该产生相应机制来确保这一权力的有效行使，从而有利于增强董事会的技能、信息和独立性。

D. 国有企业董事会的主席应该具备相当能力去履行他的重要角色。过去良好的实践经验表明，董事会主席最好与首席执行官（CEO）相分离。

E. 国有企业董事会应该在服从于政府和行使所有权职能机构制定的目标的前提下，实施他们监督管理和战略指导的作用。他们应该有权力任命和解雇 CEO。

F. 在必要的时候，国有企业董事会应该制定专门的委员会来支持整个董事会最大限度地发挥它的实质作用。这些委员会可特别成立于审计、风险、薪酬、人事任命和道德规范等几个方面。

G. 国有企业董事会应该进行年度评价来评价他们的业绩。

从董事会承担的主要职能看，董事会承担的职能主要包括战略决策、监督控制、高管人员选聘等几个方面，而这些职能之间不存在简单的叠加关系，加之董事会治理机构和机制对不同职能的影响机理不同。因此，对董事会治理有效性基于董事会职能的分析应该是基于单一职能的视角更为可行。

---

① 参考《OECD State-owned Enterprises Corporate Governance Guidelines 》

三、行政型治理与经济型治理融合下的董事会治理有效性分析模型

（一）行政型治理与经济型治理的替代关系

尽管在 20 世纪 90 年代初期，一些学者已经注意到了转型经济国家公司治理的特殊性，并试图对其特殊性做出概括和总结，但总体上还是停留在对一些具体现象的分析和解释。基于对中国国有企业股份制改造以及国有企业公司治理改革的深入了解，李维安（1996）结合中国国有企业的制度背景，首次提出了行政型治理的概念，并明确指出国有企业公司治理由"行政型治理"到"经济型治理"转型的改革思路。从上述对中央企业控股上市公司的制度背景分析看，受中央企业历史沿革影响和体制约束，中央企业控股上市公司治理依然处于从行政型治理向经济型治理转型的过程中，行政型治理特征依然突出。因此，中央企业控股上市公司董事会治理有效性研究必须在对行政型治理与经济型治理之间关系理论分析的基础上展开。

如果将行政型治理和经济型治理看成影响公司治理效用的两种可变要素，二者之间的替代或互补关系则构成了中央企业控股上市公司治理效用函数的核心内容。对中央企业控股上市公司而言，行政型治理与经济型治理之间存在一种"非此即彼"和"此消彼长"的相互替代关系，即随着行政型治理边界的扩展和行政型治理的增强，就意味着经济型治理边界的收缩和经济型治理的减弱。反过来说，经济型治理边界的扩展和经济型治理的增强，同样意味着行政型治理边界的收缩和行政型治理的减弱。

行政型治理与经济型治理的这种相互替代关系可以用图 3.8 来表示：图 3.8（a）表示的是行政型治理与经济型治理的一般替代关系，图 3.8（b）表示的是政府与市场的完全替代关系。从图 3.8（a）可以看出，当行政型治理的强度或范围为 G 时，经济型治理的强度或范围为 E，行政型治理和经济型治理的组合关系就处于公司治理效用曲线的 L 点上。如果将行政型治理的强度降低至 G′时，则经济型治理的强度就需要提高，并将经济型治理的范围扩展到 E′，行政型治理和经济型治理的组合关系也相应地从公司治理效用曲线上的 L 移至 L′。从图中我们可以看出，经济型治理与行政型治理可能存在

许多不同的组合方式，但其中只有一种组合方式最有效率，或者说是最优组合。为了确定行政型治理和经济型治理的最优组合，我们引入等治理成本线，即图3.8（a）中的直线。图中公司治理效用曲线与治理成本曲线的切点C就是经济型治理与行政型治理的最优组合。在行政型治理与经济型治理相互替代条件下，关于行政型治理与经济型治理的优化组合问题，除了可采取以上等治理成本线来描述以外，还可以通过其他方法来描述。由于行政型治理和经济型治理还可以看作通过不同的制度设计实现对公司权力的配置，因而可以根据经济型治理和行政型治理对公司权力的配置，来确定经济型治理与行政型治理最优组合的均衡点，该均衡点即为经济型治理与行政型治理的边界。

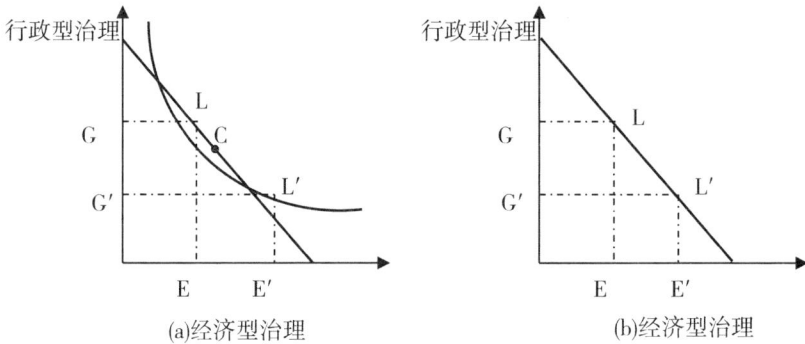

图 3.8 行政型治理与经济型治理的相互替代关系

资料来源：作者整理

行政型治理与经济型治理并不是永远处在一种"此消彼长"的博弈关系，在一些情况下行政型治理与经济型治理可能是相互补充的，呈现出一种"你中有我，我中有你"的相互融合关系，即行政型治理与经济型治理之间存在着互补关系。在行政型治理主导的情况下，当行政型治理的范围扩展到一定程度的时候，自然地需要经济型治理的补充；在经济型治理主导的情况下，经济型治理的范围扩展到一定程度的时候也同样需要行政型治理的补充，这种补充有益于提高公司治理的效用。

就中央企业控股上市公司而言，没有一家上市公司是纯粹的经济型治理，也没有任何一家上市公司是纯粹的行政型治理，二者处于共存状态，区别是哪一种处于主导地位，更多的情况往往是行政型治理超越了适度的边界。这也是分析中央企业公司治理时必须考虑的一个前提。

（二）　行政型治理与经济型治理融合的董事会治理有效性分析模型

对中央企业控股上市公司而言，行政型治理与经济型治理并存是最核心的公司治理特征，这就决定了中央企业控股上市公司治理有效性分析的实质是检验行政型治理下的经济型治理的有效性。换言之，在研究中央企业的公司治理时，必须考虑到行政型治理与经济型治理之间的关系，它们是排斥还是融合？是替代还是互补？另外一个问题就是，如何能够更为科学、准确的衡量中央企业控股上市公司经济型治理与行政型治理二者之间的关系，以及如何更为有效地衡量行政型治理下的经济型治理的有效性？

基于上述问题，我们构建一个基于行政型治理和经济型治理共存状态下中央企业控股上市公司治理有效性的概念模型（图3.9）。首先，我们假定行政型治理的因素是外生性的，这些因素包括政府对上市公司的干预与控制以及上市公司的股权结构安排等，它们不受上市公司内部因素的影响。其次，由于董事会集聚了上市公司经济型治理最核心的一些特征，因此，我们把董事会治理因素能否有效保证董事会履行其职能作为衡量经济型治理有效性的主要标准。即如果中央企业控股上市公司经济型治理有效，从董事会治理因素上应该表现为董事会治理能够促进董事会职能的履行。

按照董事会的职能界定以及相关规制要求，董事会具有决策、监督、选聘等职能①，董事会治理因素对董事会履行这些职能都会产生影响。如前所述，对中央企业控股上市公司而言，选聘等职能受行政型治理的干预较大，而这些干预显然不是董事会治理结构与机制的完善与健全所能彻底解决的，因此，我们选择受经济型治理因素影响程度更大的公司财务行为来衡量董事会治理的有效性。公司财务行为包含的内容比较广泛，早期的有 Lintner（1956）对公司股利政策的开创性研究，后面有 Graham and Harvey（2001）

---

①　董事会的名义职能在国内外并不存在显著差别，但是欧美国家董事会的职能更多的是自然演变形成的，而我国董事会的职能更多的是由法律所规定的。

经济型治理　　　　　　　　　　　　　　　行政型治理

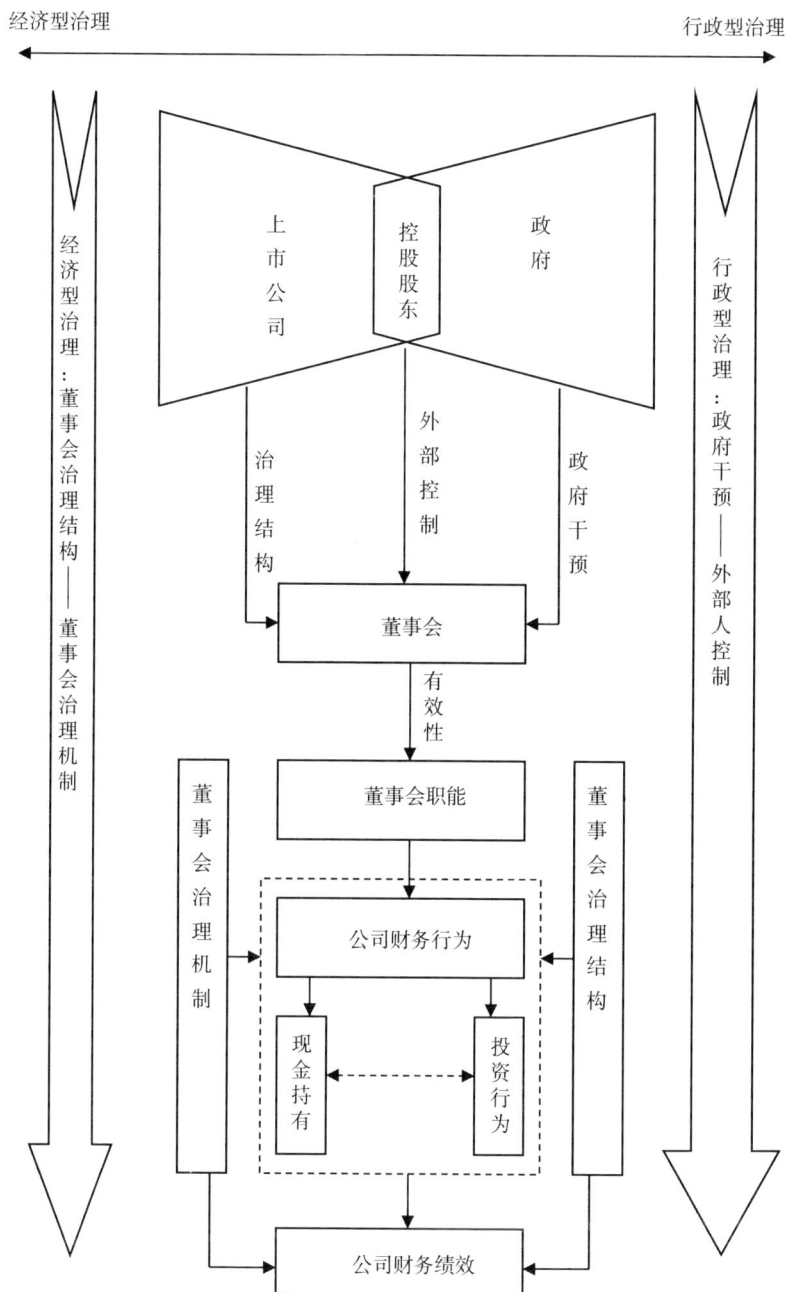

图 3.9　基于行政型治理与经济型治理融合的董事会治理有效性分析模型

关于资本预算、资本成本的研究，但是，随着研究的深入，公司投资行为和现金持有行为问题引起了更多的关注（Baker 和 Wurgle，2002；Morck，2004）。对我国国有控股上市公司而言，在现有的公司治理体制下，投资问题得不到有效制约，企业财务决策行为扭曲，表现为过度投资问题非常突出（文宏，1999）。因此，从企业投资行为和现金持有行为等公司财务行为的视角来衡量公司治理结构，特别是董事会治理结构的有效性对中央企业控股上市公司而言不失为一条有效的途径。

小　结

公司治理具有典型的环境依赖性，对公司治理的研究必须考虑特定的制度背景，这一点对转型经济国家国有企业公司治理的研究尤为重要。对中央企业控股上市公司治理的制度分析要从我国资本市场发展和国有企业改革的演进历程出发，考虑到国有企业改制上市过程中股权设置的特殊性制度安排，结合中央企业发展的历史沿革及其与中央政府的政治关联而展开。我国资本市场从建立开始就被赋予了推动国有企业改革的重大使命，加之施行的股票发行的审批制和额度制，使得国有企业改制上市具有显著的政治优势；另一方面，对国有上市公司股权设置绝对控股和非流通的制度安排使得国有股在上市公司中长期居于绝对主导地位，从而造成上市公司与大股东之间保持了持续性的紧密关联关系。与此同时，国有企业管理体制也在政府推动下不断转变，其最典型的特征就是实现了由政府行政管理向出资人管理、由政府型企业向公司制企业、由行政型治理向经济型治理的初步转变。相对于一般国有企业而言，中央企业更具特殊性，从其历史沿革来看，中央企业与中央政府职能部门有着天然的"血缘关系"，一方面，一些中央企业在业务上要接受相关部委的指导和管理；另一方面，一些中央企业的领导人员由相关部委人员委派或担任，和政府部门关系紧密，这是影响中央企业管理体制改革的最为重要的因素。

上述制度因素的存在使得中央企业控股上市公司治理存在国家股一股独大、政府过度干预和控制、内部人控制外部化和董事会治理边界模糊等典型特征，中央企业处于一种经济型治理与行政型治理并存的状态。一方面，中央企业控股上市公司已经初步建立了具有经济型特征的相对规范的公司治理结构，另一方面，具有典型行政型特征的政府直接或者通过控股股东实施的过度干预和控制依然存在。但是，行政型治理与经济型治理的关系并不仅仅是一种"此消彼长"的博弈关系，在一些情况下行政型治理与经济型治理可能是相互补充的，呈现出一种相互融合关系。因此，对中央企业控股上市公司治理问题的研究必须把经济型治理与行政型治理共存作为重要的前提，进而在这种特定的制度框架下分析公司治理结构及机制的有效性。

第四章

中央企业控股上市公司董事会治理状况

从 20 世纪 90 年代中期开始，中央企业控股上市公司进入从行政型治理向经济型治理转型阶段以后，作为公司治理核心的董事会治理结构和机制就不断得以建立和完善。但是，中央企业控股上市公司特殊的制度背景使其很难在短期内彻底摆脱行政型治理模式的约束，而是会在相当长的一段时间内处于行政型治理与经济型治理共存的状态。因此，通过基于董事会治理指数和董事会治理特征属性的分析，能够对中央企业控股上市公司董事会治理从行政型向经济型的转变进程有一个初步的了解，进而为下一阶段中央企业控股上市公司治理的改善与提高提供依据。

第一节　中央企业控股上市公司样本状况

一、中央企业控股上市公司分析样本构成

对中央企业控股上市公司样本的选择依据 1997 年 12 月 16 日中国证监会发布的《关于发布〈上市公司章程指引〉的通知》第四十一条对控股股东的

规定①，中央企业控股上市公司是指中央企业作为控股股东、国务院国有资产监督管理委员会作为实际控制人的上市公司。中央企业的样本选择截至2006年12月31日由国务院国有资产监督管理委员会履行出资人职责的企业，共159户②。

依据上述对中央企业控股上市公司的范围界定，截至2007年12月31日，在我国境内（不包括香港）上市的中央企业控股上市公司共有235家。其中，在深圳证券交易所A股上市的公司共有69家；在上海证券交易所A股上市的公司共有142家（其中包括一家金融类上市公司：招商银行）；在中小企业板上市的公司共有18家；此外，还有6家B股上市公司（表4.1）。

表4.1 中央企业控股上市公司板块构成

板块类别	深A股	沪A股	中小板	金融类	B股	总计
数量	69	141	18	1	6	235
比例（%）	29.36	60.00	7.66	2.55	0.43	100.00

资料来源：作者整理

在235家中央企业控股上市公司中，沪、深两市A股上市公司共有210家，占中央企业控股上市公司总体的比例为89.36%；中小板、B股和金融类上市公司共占中央企业控股上市公司总体的比例仅为10.64%。考虑到样

① 1997年12月16日中国证监会发布的《关于发布〈上市公司章程指引〉的通知》第四十一条对控股股东的规定指出，控股股东是指具备下列条件之一的股东：（一）此人单独或者与他人一致行动时，可以选出半数以上的董事；（二）此人单独或者与他人一致行动时，可以行使公司百分之三十以上的表决权或者可以控制公司百分之三十以上表决权的行使；（三）此人单独或者与他人一致行动时，持有公司百分之三十以上的股份；（四）此人单独或者与他人一致行动时，可以以其他方式在事实上控制公司。

② 由于国务院国有资产监督管理委员会对中央企业在不断进行重组，为了不受中央企业隶属关系变动的影响，我们将截止到2006年12月31日由国务院国有资产监督管理委员会履行出资人职责的企业作为中央企业样本，在此时间以后因为企业重组所产生的隶属关系变动不考虑在内。

本之间的可比性问题，我们在选择最终的研究样本时剔除了中小板、B 股和金融类的上市公司①。因此，中央企业控股上市公司最终的研究样本是在沪、深 A 股上市的 210 家公司。

二、中央企业控股上市公司隶属中央企业的分布状况

通过对中央企业控股上市公司控股股东的分析可以发现，上述 210 家中央企业控股上市公司分别由 89 家中央企业控制，其中，控制上市公司最多的中央企业能够对 10 家上市公司实施控制，这样的中央企业共有 2 家，分别是华润（集团）有限公司和中国化工集团公司。在控制有上市公司的中央企业中，80% 以上的中央企业控制上市公司数量为 1 至 3 家，其中，控制 1 家上市公司的中央企业共有 45 家，控制 2 家上市公司的中央企业共有 15 家，控制 3 家上市公司的中央企业共有 14 家，见图 4.1。

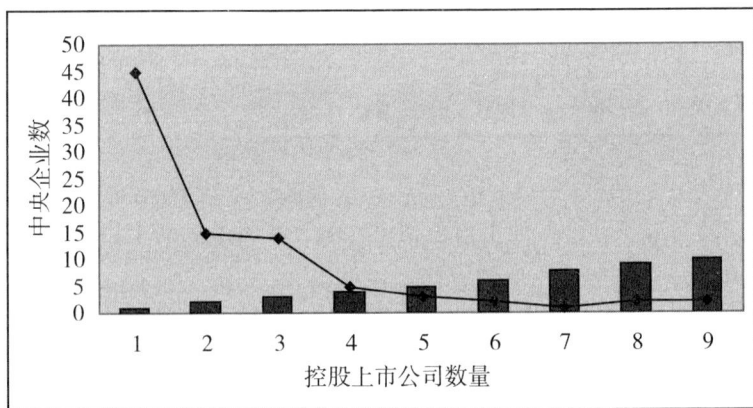

图 4.1 中央企业控股上市公司数量分布状况示意图

资料来源：作者整理

从中央企业控股上市公司所隶属的中央企业分布看，在 159 家中央企业中，尚有 70 家中央企业未控股上市公司。按照国务院国有资产监督管理委

---

① 剔除中小板上市公司样本主要是考虑到这些上市公司与 A 股上市公司在规模等方面的显著差异，剔除 B 股和金融类上市公司也是基于这些上市公司的特殊性。

员会对中央企业公司制股份制改革的战略部署，即"推动符合条件的中央企业整体改制上市或按主业板块整体上市，支持具备条件的中央企业把主业资产逐步注入上市公司；鼓励中央企业做好控股上市公司的整合工作，做强做大上市公司；积极探索国资委直接持有整体上市中央企业股权"。中央企业控股上市公司无论在规模，还是在数量上都将呈现上升趋势。

三、中央企业控股上市公司样本行业分布状况

从中央企业控股上市公司所属行业①来看，在中国证券监督管理委员会所划分的 13 个行业门类中，11 个行业中有中央企业控股上市公司。只是在传播与文化产业和金融、保险业中没有中央企业控股上市公司，这主要是因为这两个行业企业主营业务的特殊性使得对该行业上市公司控股股东的行政隶属关系划分时，归属于相应的行政主管部门管理。

在中央企业控股上市公司分布的 11 个行业门类中，制造业上市公司数量最多，为 123 家，占整个中央企业控股上市公司数量的比例为 58.57%；电力、煤气及水的生产和供应业以及信息技术业上市公司数量均为 19 家，共占整个中央企业控股上市公司数量的比例为 18.10%；农、林、牧、渔业和综合类行业中央企业控股上市公司数量较少，分别为 3 家和 1 家，分别占整个中央企业控股上市公司数量的比例为 1.43% 和 0.48%。在制造业的 9 个行业次类中，机械、设备、仪表行业和石油、化学、塑胶、塑料行业的上市公司数量分别为 53 家和 25 家，占整个中央企业控股上市公司数量的比例分别为 25.24% 和 11.90%；造纸、印刷行业和其他制造行业的中央企业控股上市公司数量较少，仅分别为 1 家和 3 家，占整个中央企业控股上市公司数量

---

① 该行业分类依据中国证券监督管理委员会 2001 年 4 月 3 日颁布的《上市公司行业分类指引》（以下简称《指引》），《指引》将上市公司的经济活动分为 13 个门类，包括农、林、牧、渔业，采掘业，制造业，电力、煤气及水的生产和供应业，建筑业，交通运输、仓储业，信息技术业，批发和零售贸易，金融、保险业，房地产业，社会服务业，传播与文化产业，综合类。由于上市公司集中于制造业，《指引》对制造业又进行了行业次类划分，共包括 9 个制造业次类，包括食品、饮料，纺织、服装、皮毛，木材、家具，造纸、印刷，石油、学、塑胶、塑料，电子，金属、非金属，机械、设备、仪表，医药、生物制品，其他制造业。

的比例分别为 0.48% 和 1.43%。

表 4.2　中央企业控股上市公司行业分布

行业分类	上市公司数量	比例（%）
采掘业	9	4.29
电力、煤气及水的生产和供应业	19	9.05
房地产业	4	1.90
建筑业	8	3.81
制造业	123	58.57
纺织、服装、皮毛	5	2.38
机械、设备、仪表	53	25.24
电子	6	2.86
金属、非金属	18	8.57
石油、化学、塑胶、塑料	25	11.90
食品、饮料	5	2.38
医药、生物制品	7	3.33
造纸、印刷	1	0.48
其他制造业	3	1.43
交通运输、仓储业	14	6.67
农、林、牧、渔业	3	1.43
批发和零售贸易	6	2.86
社会服务业	4	1.90
信息技术业	19	9.05
综合类	1	0.48
合计	210	100.00

资料来源：作者整理

从中央企业控股上市公司的行业分布看，不同行业中央企业控股上市公司在数量上存在着较大差异，制造业最为集中，部分制造业行业次类中的上市公司数量要高于其他行业门类。因此，在对中央企业控股上市公司治理状况进行行业分析时，制造业的行业类别依照制造业行业次类进行。

四、非央企国有控股和民营控股上市公司参照分析样本

为了更好地说明中央企业控股上市公司治理状况，我们选取了非中央企业国有控股上市公司（简称"非央企有控股上市公司"）和民营控股上市公司作为参照分析样本①，并对它们的公司治理状况进行对比分析。对照分析样本来自连续 4 年进入南开大学公司治理数据库的非央企国有控股上市公司和民营控股上市公司的共有样本，其中，民营控股上市公司 270 家，非央企国有控股上市公司 495 家，总计 765 家（表 4.3）。

表 4.3　非央企国有控股和民营控股上市公司参照分析样本行业分布

行业类别	非央企国有控股		民营控股	
	公司数量	所占比例	公司数量	所占比例
采掘业	10	2.02	1	0.37
传播与文化产业	6	1.21		0.00
电力、煤气及水的生产和供应业	31	6.26	4	1.48
房地产业	25	5.05	20	7.41
建筑业	11	2.22	5	1.85
制造业	275	55.56	159	58.89
电子	15	3.03	10	3.70
纺织、服装、皮毛	16	3.23	19	7.04
机械、设备、仪表	60	12.12	42	15.56
金属、非金属	58	11.72	19	7.04
木材、家具	0	0	1	0.37

①　在我国上市公司的整体样本中，由于集体控股、外资控股等其他控股股东类别的上市公司数目较少，因此，在选择参照分析样本时，我们仅选取了民营控股上市公司和非央企国有控股上市公司。

行业类别	非央企国有控股		民营控股	
	公司数量	所占比例	公司数量	所占比例
石油、化学、塑胶、塑料	53	10.71	24	8.89
食品、饮料	27	5.45	12	4.44
医药、生物制品	34	6.87	20	7.41
造纸、印刷	9	1.82	6	2.22
其他制造业	3	0.61	6	2.22
交通运输、仓储业	30	6.06	3	1.11
农、林、牧、渔业	10	2.02	5	1.85
批发和零售贸易	34	6.87	23	8.52
社会服务业	19	3.84	5	1.85
信息技术业	20	4.04	21	7.78
综合类	24	4.85	24	8.89
合计	495	100	270	100

资料来源：作者整理

第二节　中央企业控股上市公司董事会治理指数分析

为了能够从总体上反映中央企业控股上市公司董事会治理状况，我们基于南开大学公司治理研究中心开发的中国上市公司治理评价系统中的董事会治理评价体系，对中央企业控股上市公司董事会治理的总体状况进行了分析。

一、中国上市公司董事会治理评价与指数

公司治理评价是公司治理实践发展到一定阶段的必然产物，南开大学公司治理研究中心在对公司治理理论、公司治理原则进行深入研究的基础上，

借鉴国外公司治理评价的经验，结合中国的法律环境、制度环境、市场条件以及上市公司本身的发展状况，在国内较早地提出了中国上市公司治理评价指标体系，构建并推出了中国上市公司治理评价系统，发布了中国上市公司治理指数（简称CCGI[NK]）。该评价系统经过一些学者的学术研究验证，已经表现出较好的稳定性，例如，辛宇、徐莉萍（2006）、姜国华、徐信忠等（2006）认为南开大学公司治理研究中心开发的公司治理指数通过连续几年的稳定性检验，表现出较好的说服力、可信度与科学性。

董事会治理评价系统是中国上市公司治理评价系统最为重要的组成部分，其评价指标是在参考了国内外大量董事会治理实证研究文献，在借鉴欧洲戴米诺公司、亚洲里昂证券等商业机构开发的公司治理评价系统以及由一些学者构建的公司治理指数GIM[①]、Gov-Score的基础上，结合中国的公司治理环境和制度背景开发而成的。目前，基于该评价系统已经连续5年发布了公司治理指数（包括董事会治理指数），能够较好地反映中国上市公司治理和董事会治理的综合状况。

（一）董事会治理评价指标体系

南开大学公司董事会治理评价指标体系构建的基本原则有三个：第一，结合国内外对董事会治理评价已有的研究和成熟的评价指标体系，将决定董事会效率的重要属性体现在中国上市公司董事会治理评价指标体系中，并赋予较高的权重，从而比较客观地反映我国上市公司董事会治理状况；第二，结合中国上市公司董事会治理现状，将中国上市公司董事会治理发展滞后和亟待改进的方面作为重要指标予以体现，从而通过董事会治理评价对我国上市公司董事会治理改进与完善发挥导向作用；第三，根据董事会治理评价数据信息来源的特征不同，对于来源于数据信息比较准确和数据信息弹性较大的两类评价指标区别对待，从而保证评价结果的科学性。

---

① GIM 是 Paul Gompers, Joy Ishii and Andrew Metrick 的简称，这三位经济学家在 2001 年一起建立了评价美国公众公司治理质量的公司治理指数，该指数从 5 个维度、采用 24 个指标对公司治理进行综合评价，由于当时正是公司治理丑闻刚刚爆发后不久，他们构建的指数引起了学术界和公众投资者的关注，该文章于 2003 年正式发表在 Quarterly Journal of Economics。

南开大学董事会治理评价体系主要从董事权利与义务、独立董事制度、董事会组织结构、董事会运作效率、董事薪酬 5 个维度进行评价，并以此为标准对上市公司董事会治理状况进行了评价分析。其中，董事权利与义务主要考察董事来源、培训、履职的诚信勤勉情况等，科学合理的董事会构成有利于公司做出公允科学的决策并对公司实施有效的监控；独立董事制度主要考察公司董事会的独立性及独立董事职能发挥状况，良好的独立董事制度有利于公司决策的独立性；董事会组织结构主要考察董事会领导结构和专业委员会运行状况，健全的组织结构是提高董事会决策效率和保证董事会运作独立的基础；董事会运作效率主要考察董事会运作状况和董事尽职情况，运作效率较高的董事会有助于改善公司的持续价值创造能力；董事薪酬主要考察董事激励约束状况，包括短期激励和长期激励，良好的激励组合有利于提高董事履职的积极性（表4.4）。

表 4.4 董事会治理评价指标体系一览表①

主因素	子因素层	说明
董事权利与义务 $CCGI_{BOD1}^{NK}$	董事来源、培训状况、董事会构成、履职情况、董事问责、离职状况等	反映董事身份、诚信勤勉意识及其履职情况
董事会运作效率 $CCGI_{BOD2}^{NK}$	董事会规模、性别及年龄结构、董事会会议情况等	反映董事会的功能与作用的实现状态
董事会组织结构 $CCGI_{BOD3}^{NK}$	董事会的领导结构、专业委员会的设置、专业委员会运行状态等	反映董事会的工作效率与独立性状态
董事薪酬 $CCGI_{BOD4}^{NK}$	董事薪酬水平、董事薪酬形式、董事绩效评价等	衡量董事报酬水平以及报酬结构的激励约束状态
独立董事制度 $CCGI_{BOD5}^{NK}$	独立董事比例、独立董事激励、独立性等	反映独立董事制度建设状态

资料来源：南开大学公司治理数据库

---

① 关于中国上市公司治理评价系统与中国上市公司治理指数的详细介绍请参考论文及著作：南开大学公司治理研究中心课题组，中国上市公司治理评价系统研究，南开管理评论，2003 年第 3 期；李维安，公司治理评价与指数研究，高等教育出版社，2005；南开大学公司治理研究中心课题组，中国上市公司治理评价研究报告，商务印书馆，2007。

（二）董事会治理指数

中国上市公司董事会治理总指数是以董事会治理评价主因素层指数为基础，通过加权累计而确定的，该指数是对中国上市公司董事会治理状况的总体反映。上市公司董事会治理评价主因素与子因素权重的确定采用了结构方程、层次分析、专家评分等方法，最后通过评判矩阵与一致性检验，得到各指标的权重（以 W 表示权重）。

这样中国上市公司董事会治理总指数的结果可以通过如下公式来计算：

$$CCGI_{BOD}^{NK} \sum_{i=1}^{5} W_{BODi}^{NK} * CCGI_{BODi}^{NK}$$

其中，

$CCGI_{BOD}^{NK}$ 为董事会治理指数

$CCGI_{BODi}^{NK}$ 为各主因素层董事会治理指数（i = 1，2，3，4，5）

W_{BODi}^{NK} 为各主因素层董事会治理指数赋予的权重（i = 1，2，3，4，5）

中国上市公司治理董事会治理指数的计分方法为百分制，董事会治理指数、各董事会治理分指数以及分指数的下一层指标满分均为 100 分，最低为 0 分，董事会治理分指数的下一层指标的得分直接根据事先所确定的评价标准而生成。

二、中央企业控股上市公司董事会治理总体分析

董事会治理指数是上市公司董事会治理状况的总体反映，我们借助于对董事会治理指数的分析从整体上了解中央企业控股上市公司董事会治理状况。从中央企业控股上市公司董事会治理指数连续四年（2004—2007）的发展趋势看，其平均值呈现出显著的上升趋势，董事会治理指数平均值从 2004 年的 52.64 上升到 2007 年的 57.07，平均值提高 4.43。统计数据还显示，中央企业控股上市公司董事会治理指数最小值逐年提高，而且提高趋势明显，从 2004 年的 39.61 上升到 2007 年的 52.36，提高值为 12.75；董事会治理指数最大值则出现波动，处于不稳定状态，甚至有所降低；董事会治理指数标准差则呈现下降趋势（表 4.5）。这说明，中央企业控股上市公司董事会治理指数平均值在逐年上升的同时，其指数值分布更趋集中，董事会治理指数个

体样本之间的差距在不断缩小。

表4.5　中央企业控股上市公司董事会治理指数描述性统计

年份	样本数	平均值	中位数	最小值	最大值	标准差
2004	165	52.64	52.54	39.61	66.14	5.45
2005	186	53.04	52.53	38.29	66.67	4.82
2006	179	55.93	55.71	45.31	69.59	4.95
2007	182	57.07	57.10	52.36	62.75	1.94

资料来源：作者整理

通过对中央企业控股上市公司董事会治理指数年度间差异的单因素方差分析（ANOVA）显示，F统计量值为41.637，P值为0.00，证实中央企业控股上市董事会治理指数确实存在显著的年度差异，即中央企业控股上市公司董事会治理指数呈现逐年递增的趋势。这说明，中央企业控股上市公司董事会治理状况在不断改善，董事会治理水平在不断提高。

为了更好地说明中央企业控股上市公司董事会治理状况，我们以非央企国有控股上市公司和民营控股上市公司作为参照分析样本，对各年度的董事会治理状况进行比较分析。从各年度董事会治理指数的平均值看，中央企业控股上市公司董事会治理指数平均值与非央企国有控股上市公司和民营控股上市公司差距不大（表4.6）。对各个年度以及四年总体的中央企业控股上市公司样本与非央企国有控股样本以及民营控股样本董事会治理指数进行的独立样本均值比较t检验表明，除去2006年中央企业控股上市公司董事会治理指数显著高于民营控股上市公司外，其他年度中央企业控股上市公司董事会治理指数与非央企国有控股上市公司和民营控股上市公司不存在显著差异。

表 4.6　中央企业控股上市公司与参照分析样本董事会治理指数比较

年份	股东类别	样本数	平均值	中位数	最小值	最大值	标准差
2004	央企控股	165	52.64	52.54	39.61	66.14	5.45
	非央企国有控股	495	53.00	53.12	40.43	70.87	4.97
	民营控股	270	52.91	53.24	40.58	64.04	4.78
	总计	930	52.91	53.02	39.61	70.87	5.00
2005	央企控股	186	53.04	52.53	38.29	66.67	4.82
	非央企国有控股	495	53.38	52.83	41.53	66.82	4.65
	民营控股	270	52.93	52.57	43.78	66.71	4.49
	总计	951	53.18	52.69	38.29	66.82	4.64
2006	央企控股	179	55.93	55.71	45.31	69.59	4.95
	非央企国有控股	495	56.19	56.09	42.38	71.25	4.73
	民营控股	270	54.94	55.06	44.75	65.34	4.53
	总计	944	55.78	55.63	42.38	71.25	4.74
2007	央企控股	182	57.07	57.10	52.36	62.75	1.94
	非央企国有控股	495	57.23	57.22	46.26	63.28	2.06
	民营控股	270	57.28	57.25	52.88	63.55	2.04
	总计	947	57.21	57.19	46.26	63.55	2.03
2004 – 2007	央企控股	712	54.70	55.11	38.29	69.59	4.85
	非央企国有控股	1980	54.95	55.40	40.43	71.25	4.63
	民营控股	1080	54.51	54.91	40.58	66.71	4.48
	总计	3772	54.78	55.18	38.29	71.25	4.64

资料来源：作者整理

三、中央企业控股上市公司董事会治理分指数分析

在反映中央企业控股上市公司董事会治理状况的 5 个分指数中，董事权利与义务主要考察董事来源、培训、履职的诚信勤勉情况等，科学合理的董事会构成有利于公司做出公允科学的决策并对公司实施有效的监控；董事会

运作效率主要考察董事会运作状况和董事尽职情况，运作效率较高的董事会有助于改善公司的持续价值创造能力；董事会组织结构主要考察董事会领导结构和专业委员会运行状况，健全的组织结构是提高董事会决策效率和保证董事会运作独立的基础；董事薪酬主要考察董事激励约束状况，包括短期激励和长期激励，良好的激励组合有利于提高董事履职的积极性；而独立董事制度则主要考察公司董事会的独立性及独立董事职能发挥状况，良好的独立董事制度有利于公司决策的独立性。

表 4.7 中央企业控股上市公司董事权利与义务指数描述性统计显示，2004—2007 年董事权利与义务指数平均值呈现逐年上升趋势，4 年间董事权利与义务指数平均值提高 14.39，最小值提高 31.85，标准差则逐年递减。这说明，中央企业控股上市公司董事胜任能力逐步提高，董事能够更好地履行权利与义务。

表 4.7　中央企业控股上市公司董事权利与义务指数描述性统计

年份	样本数	平均值	中位数	最小值	最大值	标准差
2004	165	44.61	44.36	14.70	71.61	11.73
2005	186	45.79	45.79	26.38	62.64	6.69
2006	179	55.50	55.58	37.85	75.25	6.57
2007	182	59.00	58.83	46.55	67.93	3.55

资料来源：作者整理

表 4.8 中央企业控股上市公司董事会运作指数描述性统计显示，2004—2007 年董事会运作指数平均值总体呈现下降趋势，4 年间董事会运作指数平均值降低 4.13，最小值降低 1.00，最大值降低 13.25，标准差逐年递减。这说明，最近几年来中央企业控股上市公司董事会运作并未得到明显改善，甚至出现下降趋势，这与中央企业控股上市董事会治理改善的重点更多注重董事会治理结构，而忽视董事会治理运作机制有关。

表4.8　中央企业控股上市公司董事会运作指数描述性统计

年份	样本数	平均值	中位数	最小值	最大值	标准差
2004	165	62.25	64.00	39.00	76.50	7.01
2005	186	59.35	60.00	46.14	77.55	5.98
2006	179	59.59	59.83	36.60	73.95	5.32
2007	182	58.12	59.00	38.00	63.25	3.68

资料来源：作者整理

表4.9中央企业控股上市公司董事会组织结构指数描述性统计显示，2004—2007年董事会组织结构指数平均值呈现逐年上升趋势，4年间董事会组织结构指数平均值提高9.27，最小值提高20.62，标准差则逐年递减。这说明，中央企业控股上市公司董事会组织结构建设越来越受到重视，董事会专业委员会正在不断健全和完善。

表4.9　中央企业控股上市公司董事会组织结构指数描述性统计

年份	样本数	平均值	中位数	最小值	最大值	标准差
2004	165	47.15	44.21	19.38	76.75	11.71
2005	186	47.36	44.25	34.00	73.00	10.73
2006	179	56.12	54.00	40.00	72.00	7.90
2007	182	56.42	58.75	40.00	68.75	4.76

资料来源：作者整理

表4.10中央企业控股上市公司董事薪酬指数描述性统计显示，2004—2007年董事会薪酬指数平均值总体呈现上升趋势，4年间董事薪酬指数平均值提高7.02，最小值提高17.50，最大值提高2.50，标准差总体呈现下降趋势。这说明，中央企业控股上市公司董事薪酬激励机制不断健全和完善，科学合理的董事激励机制正在形成。

表 4.10　中央企业控股上市公司董事薪酬指数描述性统计

年份	样本数	平均值	中位数	最小值	最大值	标准差
2004	165	48.58	49.50	32.50	69.50	8.03
2005	186	45.77	44.00	22.00	69.50	8.48
2006	179	45.62	46.00	25.00	73.50	14.03
2007	182	55.60	54.50	50.00	72.00	4.89

资料来源：作者整理

　　表 4.11 中央企业控股上市公司独立董事制度指数描述性统计显示，2004—2007 年独立董事制度指数平均值并未得到明显改善，甚至有所下降，这种下降主要源于监管部门对上市公司独立董事制度更趋严格的规制要求所导致的评价标准提高。这说明，随着上市公司监管部门对上市公司独立董事制度要求的提高，中央企业控股上市公司独立董事制度则相对滞后。

表 4.11　中央企业控股上市公司独立董事制度指数描述性统计

年份	样本数	平均值	中位数	最小值	最大值	标准差
2004	165	59.83	61.50	34.50	74.50	8.51
2005	186	55.62	56.17	34.00	75.00	7.07
2006	179	57.47	57.50	38.50	75.50	8.87
2007	182	56.94	56.25	47.25	67.25	3.78

资料来源：作者整理

第三节　中央企业控股上市公司股权结构与董事会治理特征

　　上述借助董事会治理指数对中央企业控股上市公司董事会治理状况的分析能够从总体上了解其董事会治理的状况，而对中央企业控股上市公司董事会治理具体情况的了解则需要对其董事会治理具体特征进行分析。此外，为了更为深入地了解中央企业控股上市公司董事会治理状况，本节还对作为公司治理基础性制度安排的股权结构特征进行了分析。

一、中央企业控股上市公司股权结构特征

股权结构是上市公司治理结构的基础，股权结构直接影响着上市公司的其他治理特征，中央企业控股上市公司股权结构特征是反映中央企业控股上市公司治理状况的一个重要方面。本文主要从实际控制人情况及控制层级、第一大股东持股比例、股权集中度、控制权与现金流权等几个方面来分析中央企业控股上市公司股权结构特征。

（一）实际控制人情况与控制层级

上市公司的终极控制人问题最早由 La Porta 等（1999）在研究英美国家以外其他地区的股权集中问题时所提出，自此终极控制权理论受到了普遍重视。这是因为上市公司实际控制人通过投资关系、协议或者其他安排，能够对上市公司施加影响，实际支配公司行为。正因为如此，实际控制人对上市公司的影响已引起我国上市公司监管部门的重视。2001 年年底至 2002 年年初，监管部门出台的《上市公司股东持股变动报告》《上市公司治理准则》等规章都要求上市公司在其控股股东或实际控制人发生变化时，必须披露控股股东或实际控制人的详细资料，证监会修订的年报准则亦要求各上市公司严格披露其实际控制人，以便为社会公众提供更为充分的信息。

中央企业控股上市公司的实际控制人最终可以追溯到国务院国有资产监督管理委员会或者由其直接控制的中央企业，而中央企业对所控股上市公司的实际控股往往需要借助于一定的控制层级来实现，控制层级的多少往往会影响到中央企业对上市公司的控制程度。因此，中央企业作为实际控制人对上市公司实施控制的层级就成为中央企业控股上市公司的一个重要治理特征。

就 210 家中央企业控股上市公司而言，中央企业实施控制的层级①为 1

---

① 以持股层级表示从上市公司追溯到实际控制人（到中央企业）之间的层次关系，如果中央企业直接控制上市公司就定义持股层级为一级，假如中央企业通过一级全资子公司或控股公司控制上市公司，就定义持股层级为二级，以此类推，从中央企业到达上市公司经过 N 层就定义持股层级为 N（N≥1）。

级的有 77 家，所占比例为 36.7%；层级为 2 级的有 93 家，所占比例为 43.3%；层级为 3 级的有 34 家，所占比例为 16.2%；层级为 4 级的有 6 家，所占比例为 2.9%；层级为 5 级的有 2 家，所占比例为 1.0%（图 4.2）。从统计数据可以看出，在中央企业控股上市公司中，由中央企业作为第一大股东直接控股的为 77 家，所占比例为 36.7%；由中央企业通过其全资或控股子公司控股的上市公司为 133 家，所占比例为 63.3%。

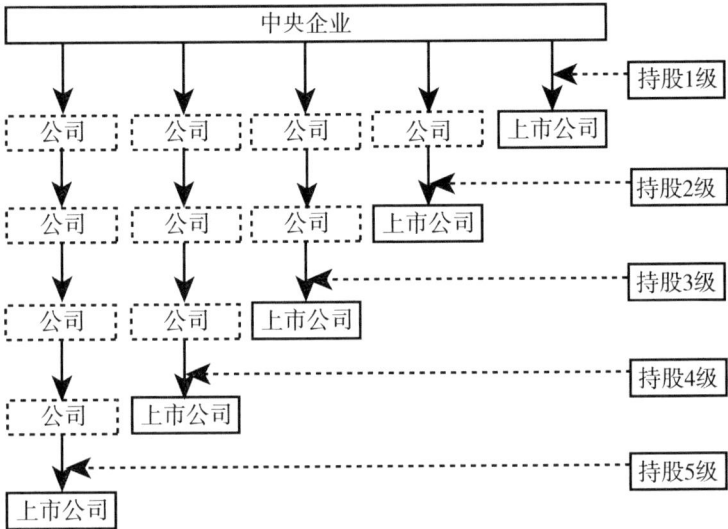

图 4.2　中央企业控股上市公司控制层级示意图

资料来源：作者整理

（二）第一大股东持股比例

La Porta 等（1999）认为大股东在欧美之外地区上市公司中的存在是一种普遍现象，大股东的存在解决了 Berle & Means（1932）的委托代理问题，但是却加重了 Shileifer & Vishiny（1986）的大股东隧道行为问题。其中，第一大股东持股比例对上述问题产生的影响最为显著。从表 4.12 的统计数据看，中央企业控股上市公司第一大股东持股比例平均值为 0.4261，高于非央企国有控股的 0.3677 和民营控股的 0.3043，进一步的统计 t 检验也表明，中央企业控股上市公司第一大股东持股比例显著高于非央企国有控股上市公司和民营控股上市公司。中央企业直接控股上市公司第一大股东持股比例平均值为 0.4469，间接控股上市公司第一大股东持股比例平均值为 0.4135，进一步的统计 t 检验也表明，中央企业直接控股上市公司第一大股东持股比例显著高于中央企业间接控股的上市公司。

表 4.12　中央企业控股上市公司与参照样本第一大股东持股比例比较

上市公司控股类型		样本数	平均值	中位数	最小值	最大值	标准差
中央企业控股	直接控股	77	0.44695	0.4735	0.1459	0.8629	0.153122
	间接控股	133	0.413538 (1.655) *	0.4263	0.087	0.7108	0.13447
	总计	210	0.426107	0.43515	0.087	0.8629	0.142341
非央企国有控股		495	0.3677412 (4.574) **	0.357926	0.035499	0.838273	0.1528073
民营控股		270	0.3042864 (9.306) **	0.2658305	0.051772	0.778916	0.1377126
总计		975	0.3623374	0.35128	0.035499	0.862863	0.1524742

注：（ ）内为样本比较的 t 值，＊＊表明在 0.05 的水平上显著，＊表明在 0.10 的水平上显著

资料来源：作者整理

从中央企业控股上市公司第一大股东持比例的分布看（表4.13），不同上市公司之间差距很大，第一大股东持股比例最高的为 0.8629，最低的仅为 0.087。其中，第一大股东持股比例低于 10% 的仅有 1 家；持股比例介于 10% 到 1/3 之间的有 49 家，占全部样本的比例为 23.3334%；持股比例介于 1/3 到 50% 区间的公司最多，共有 89 家，占整个样本的比例为 42.3810%；另外，第一大股东持股比例在 50% 以上，即保持绝对控股的上市公司有 71 家，占全部样本的比例为 33.81%。这说明，中央企业控股上市公司第一大股东持股比例相对较高，这有利于中央企业对上市公司实施控制，但这也使得中央企业更容易侵害上市公司中小股东的利益。

表 4.13 中央企业控股上市公司第一大股东持股比例区间分布

持股比例分布区间	<10%	<25%	<1/3	<50%	≥50%
频数	1	29	50	139	71
比例（%）	0.47619	13.80952	23.80952	66.19048	33.80952

资料来源：作者整理

（三）股权集中度

在衡量上市公司股权结构特别是股权集中度的变量中，除去第一大股东持股比例外，还有 CR 指数、Herfindahl 指数和 Z 指数。其中，CR 指数是通过加总前几位大股东的持股比例之和来反映股权集中的程度，本文中所采用的 CR_5 指数和 CR_10 指数分别是指前 5 位和前 10 位大股东的持股比例之和。Herfindahl 指数是通过加总前几位大股东的持股比例平方和来反映股权集中的程度，Herfindahl 指数相对于 CR 指数更能突出股东之间的差距，本文中所采用的 Herfindahl_5 指数和 Herfindahl_10 指数分别是指前 5 位和前 10 位大股东的持股比例平方之和。Z 指数是通过第一大股东与第二大股东持股比例的比值来反映股权集中的程度，Z 指数越大，最大股东与第二大股东的力量差异越大，最大股东优势越明显。

表 4.14 显示，反映中央企业控股上市公司股权集中度的指标 CR_5 指数、CR_10 指数、Z 指数、Herfindahl_5 指数和 Herfindahl_10 指数平均值分别为 0.5600、0.5914、21.5137、0.2163 和 0.2167，除去 Z 指数外，其他指标平均值都显著高于非央企国有控股上市公司和民营控股上市公司。通过进一步的独立样本均值比较的 t 检验，可以发现中央企业控股上市公司 CR_5 指数、CR_10 指数、Herfindahl_5 指数和 Herfindahl_10 指数在统计意义上显著高于非央企国有控股上市公司和民营控股上市公司；中央企业控股上市公司 Z 指数在统计意义上显著高于民营控股上市公司，但与非央企国有控股上市公司不存在显著差别。这说明，相对于非央企国有控股上市公司和民营控股上市公司，中央企业控股上市公司股权集中度更高，大股东的作用更为突出。

表 4.14　中央企业控股上市公司股权集中度指标描述性统计

上市公司类别	样本数		CR_5 指数	CR_10 指数	Z 指数	Herfindahl_5 指数	Herfindahl_10 指数
中央企业控股	210	平均值	0.56006	0.591419	21.51366	0.216296	0.21665
		中位数	0.552739	0.58814	8.378129	0.208854	0.209216
		最小值	0.008362	0.008501	1.015638	4.75E-05	4.75E-05
		最大值	0.977876	0.978561	278.1344	0.75762	0.75762
		标准差	0.161534	0.161674	34.6592	0.124404	0.124281
非央企国有控股	495	平均值	0.493801 (5.07)**	0.526984 (4.89)**	22.53355 (−0.32)	0.171604 (4.42)**	0.172031 (4.42)**
		中位数	0.500895	0.539717	8.298651	0.143894	0.14485
		最小值	0.00402	0.004173	1.015586	7.98E-06	7.98E-06
		最大值	0.931022	0.933273	341.1456	0.702759	0.702806
		标准差	0.157534	0.159346	39.89863	0.12219	0.122021
民营控股	270	平均值	0.463028 (7.14)**	0.50258 (6.43)**	11.7409 (3.38)**	0.126937 (8.75)**	0.127517 (8.74)**
		中位数	0.462618	0.509269	3.195798	0.096297	0.096575
		最小值	0.110627	0.123158	1.00791	0.008308	0.008394
		最大值	0.910913	0.928246	243.8061	0.609657	0.609744
		标准差	0.135832	0.140552	28.74406	0.099234	0.099045
总计	975	平均值	0.49955	0.534104	19.32515	0.168861	0.169314
		中位数	0.5016	0.540036	6.091795	0.140094	0.140554
		最小值	0.00402	0.004173	1.00791	7.98E-06	7.98E-06
		最大值	0.977876	0.978561	341.1456	0.75762	0.75762
		标准差	0.156389	0.157963	36.27054	0.120786	0.120608

注：（　）内为中央控股上市公司与对照样本比较的 t 值，＊＊表明在 0.05 的水平上显著

资料来源：作者整理

（四）控制权与现金流权

现金流权是指所有者所持有的股票所代表的收益权。在金字塔持股下，终极控制股东作为终极所有者，拥有上市公司的终极现金流权，按照终极现金流权比例获取剩余收益是终极所有权的核心和本质，也是终极控制股东的利益所在。按照 Lucian Bebchuk（1999）的计算方法，终极现金流权等于控制链条中各个层级的现金流权比例的乘积之和，而终极控制股东对上市公司的终极控制权等于控制链条中各个层级的现金流权比例的最小值。从理论上讲，只要控制层级足够大，终极控制股东为了能够控制处于底端的上市公司，在上市公司所拥有的终极现金流权比例可以降至足够小，而控制权与现金流权分离度也就越大，从而有可能导致终极控制股东借助金字塔持股，以少量现金流权获取了更大的控制权，背离了一股一票原则。

LLSV（1999）认为，金字塔持股、交叉持股、双重股票都是终极控制股东加强控制的方式，以实现控制权与现金流权分离，这实际上是将控制权与现金流权分离作为衡量金字塔持股的潜在标准（Lefort 和 Walker，1999；Claessen 等，2000；Valadares 和 Leal，2001；Attig，Fischer 和 Gadhoum，2003；Demirag 和 Serter，2003）。刘芍佳（2003）、叶勇和胡培（2005）等对我国上市公司股权结构的研究也发现了控制权与现金流权分离现象的存在。

从表4.15可以看出，中央企业控股上市公司控制权比例[①]平均值为43.1545%，现金流权比例平均为37.8154%。以控制权与现金流权之比衡量的中央企业控股上市公司两权分离程度的平均值为1.2471，中位数为1，最大值为4.3908，63.3%的中央企业控股上市公司控制权与现金流权并未分离。这说明，中央企业控股上市公司控制权与现金流权分离程度并不高。

[①] 根据 LaPorta 等（1999，2002）、Lucian Bebchuk（1999）等关于控制权和现金流权的定义和实际控制人的原则，按以下方式定义和计算控股股东及其控制权和现金流权：现金流权等于控制链条中各层级的持股比例的乘积之和，而终极控制权等于控制链条中各层级持股比例的最小值。

表 4.15　中央企业控股上市公司控制权与现金流权分离情况

	样本数	平均值	中位数	标准差	最小值	最大值
控制权比例（%）	210	43.15446	45.4735	13.78259	8.7	86.29
现金流权比例（%）	210	37.81537	36.8375	15.36901	3.495163	86.29
两权分离程度	210	1.247087	1	0.489965	1	4.390779

资料来源：作者整理

二、中央企业控股上市公司董事会治理特征分析

（一）董事会规模

董事会规模是董事会的一个重要特征，早期多数学者认为董事会规模越大，公司绩效越好，这是因为规模大的董事会会使得决策更为科学（Pfeffer，1973）。20 世纪 90 年代以后，很多学者对这个观点提出质疑，认为董事会规模的增大反而会降低董事会决策的效率，从而对公司绩效产生负面影响。Lipton 和 Lorsch（1992）指出，董事会成员很少对高级管理人员提出批评性意见，而这一现象随着董事会规模的增加而更加明显。Jensen（1993）指出，董事会成员过于注重谦恭礼让，而忽视了真实和坦诚，这造成当董事会成员超过七八人时，董事会有效性降低并容易被 CEO 控制。尽管对董事会规模的认识存在一定分歧，但是一致的是董事会规模作为董事会治理的主要特征无论是在实践领域还是学术领域都得到了普遍认可。

表 4.16 显示，中央企业控股上市公司董事会规模的平均值为 10.05人，中位数为 9 人，最小值和最大值分别为 5 人和 15 人，标准差为 1.97，其平均值高于非央企国有控股上市公司与民营控股上市公司董事会规模的平均值。而且进一步的统计检验也表明，中央企业控股上市公司董事会规模显著高于非央企国有控股上市公司和民营控股上市公司。这说明，相对于其他类别的上市公司，中央企业控股上市公司有一个规模更大的董事会。

表4.16　中央企业控股上市公司董事会规模与参照样本比较

上市公司类别	样本数	平均值	中位数	最小值	最大值	标准差
中央企业控股	210	10.05	9	5	15	1.97
非央企国有控股	495	9.68 (2.11)**	9	5	20	2.20
民营控股	270	8.9 (6.407)**	9	4	16	1.93
总计	975	9.54	9	4	20	2.12

注：（　）内为中央控股上市公司与对照样本比较的 t 值，＊＊表明在 0.05 的水平上显著

资料来源：作者整理

从中央企业控股上市公司董事会规模的具体分布看，人数最少的为 5 人，仅有 2 家上市公司；董事会规模为 6～8 人的有 18 家上市公司；董事会规模为 9 人的上市公司数量最多，有 100 家；董事会规模为 10～12 人的有 66 家上市公司，董事会规模最大的为 15 人，共有 11 家上市公司。从统计数据上看，80% 以上的中央企业控股上市公司董事会规模介于 9～12 人的区间，而且董事会规模为奇数的上市公司显著多于规模为偶数的上市公司数量（图 4.4）。这说明，中央企业控股上市公司董事会规模的设置具有显著的区间偏好和奇数偏好，这可能既是为了保证董事会的效率，也受到我国传统的领导规模设置传统的影响。

（二）董事会会议次数

董事会会议是董事会有效运作的重要保证，公司董事会每年召开会议的次数可以看作是反映董事会活跃程度的一个重要变量，我国《公司法》规定董事会每年至少召开两次会议。对董事会会议的关注主要源于对董事没有足够时间关注公司事务的担忧，并由此可能导致董事无法很好地履行职责。Jensen（1993）认为，运行良好的公司，董事会会议频率不要太多，这是因为董事会会议更多关注日常的事务性工作，很少进行董事之间以及与管理层想法和意见的交流；Conger et al.（1998）认为董事会时间是提高董事会有效性的重要资源，Lipton and Lorsch（1992）认为董事面临的一个共性问题就是

他们缺少时间履行职责。

Histogram

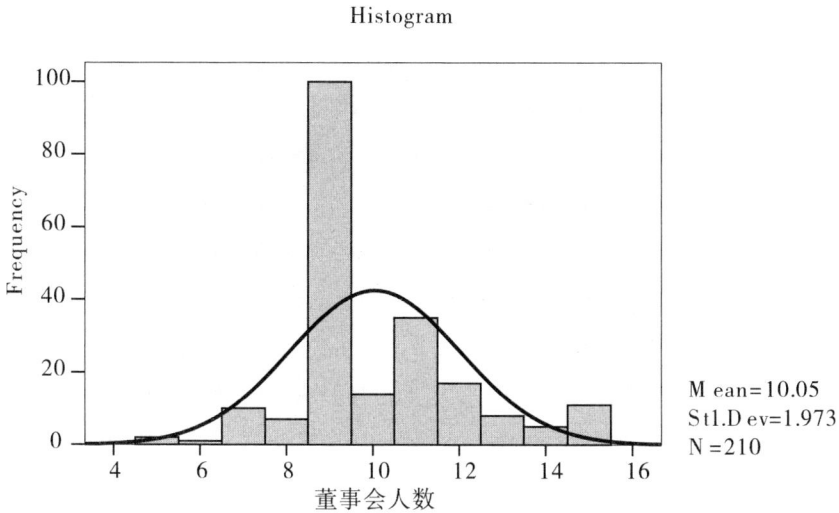

图4.3　中央企业控股上市公司董事会人数分布图

资料来源：作者整理

从中央企业控股上市公司董事会会议次数的情况看（表4.17），大多数公司董事会会议次数集中于 6~12 次的区间，即平均每个月开 1~2 次董事会会议；一年仅召开一次董事会会议的上市公司仅有 3 家，召开 2~5 次董事会会议的上市公司有 27 家；另外，有 24 家上市公司在报告期内召开董事会会议次数高于 12 次，即董事会会议频率高于每月 1 次，其中，董事会会议频率最高的为 62 次。从总体上看，大多数中央企业控股上市公司召开董事会会议的次数适度，但存在个别公司董事会会议次数过少，有可能影响到董事会效能的发挥。

表4.17　中央企业控股上市公司董事会会议次数分布

会议次数	1	2~5 次	6~12 次	13~23 次	24 次及以上
样本数	3	27	156	23	1
比例（％）	1.43	12.86	74.29	10.95	0.48

资料来源：作者整理

（三）董事会专门委员会设置

董事会专门委员会作为董事会的内部组织，对保证董事会的有效运作发挥着重要作用。特别是安然、世通等公司财务丑闻爆发后，各国政府和经济组织对专业委员会的职能更为重视，例如，2003 年修订的英国公司治理联合准则就建议董事会应该设立审计、提名和薪酬三个专业委员会，而且认为独立董事在专业委员会中应占多数。Klein（1996）认为，执行董事应该更多的在关注于管理决策的专业委员会，例如，战略与投资委员会；非执行董事则应该更多的集中于任务控制决策的专业委员会，例如，薪酬、提名和审计三个专业委员会。我国证监会发布的《中国上市公司治理准则》第三十六条规定，"上市公司董事会要按照股东大会的有关决议，设立战略决策、审计、提名、薪酬与考核等专门委员会"。

就中央企业控股上市公司而言，绝大多数公司设立了董事会审计委员会和薪酬与考核委员会，占全部样本的比例分别为 94.20% 和 86.19%；113 家公司设立了董事会战略委员会，占全部样本的 53.81%；设立董事会提名委员会的中央企业上市公司比例相对较低，仅为 38.57（表 4.18）。这说明，中央企业控股上市公司董事会治理结构建设对审计委员会和薪酬与考核委员会更为重视，这有利于董事会更好地履行审计职能和薪酬与考核职能；对提名委员会的重视程度不够，一方面影响到董事会高级管理人员提名职能的履行，这也可能是因为董事会尚未实际获得足够的提名权。

表 4.18　中央企业控股上市公司董事会各专门委员会设置情况

董事会专门委员会	设立	不设立	设立比例（%）
战略委员会	113	79	53.81
审计委员会	198	12	94.29
薪酬与考核委员会	181	29	86.19
提名委员会	81	129	38.57

资料来源：作者整理

从中央企业控股上市公司董事会专门委员会的设置数量情况看（表4.19），91.43% 的公司设立了两个或以上的董事会专门委员会，其中设立两个董事会专门委员会的上市公司有84家，占样本公司的比例为40.00%；设立三个董事会专门委员会的上市公司有 36 家，占样本公司的比例为17.14%；设立四个董事会专门委员会的上市公司有71家，占样本公司的比例为33.81%；设立五个董事会专门委员会的上市公司仅有 1 家，占样本公司的比例为0.48%。从总体上看，董事会专门委员会建设已经引起了中央企业控股上市公司的重视，董事会专门委员会设置将会日趋完善。

表 4.19　中央企业控股上市公司董事会专门委员会设置数量情况

董事会专门委员会设置数量	样本数	比例（%）
0	10	4.76
1	8	3.81
2	84	40.00
3	36	17.14
4	71	33.81
5	1	0.48

资料来源：作者整理

（四）独立董事制度建设

独立董事制度是确保上市公司董事会有效运作的一项重要制度设计，独立董事的概念和制度最早可以追溯到 20 年代 30 世纪的英美法系国家，20 世纪 90 年代以来，独立董事制度在其他市场经济国家也得到确立。例如，据经合组织（OECD）1999 年调查结果表明，董事会中独立董事所占的比例在英国为34%，法国为29%。独立董事制度对于提高公司决策过程的科学性、效益性、安全性，加强公司的竞争力，预防公司总裁和其他公司内部控制人为所欲为、侵占公司和股东利益，强化公司内部民主机制，维护小股东和其他公司利害关系人的利益发挥了积极作用。我国也于 20 世纪 90 年代末期开始着手引入独立董事制度，1999 年 3 月 29 日，国家经济贸易委员会、中国证券监督管理委员会发布了《关于进一步促进境外上市公司规范运作和深化改革的意见》，要求境外上市公司都应逐步建立外部董事和独立董事制度。随后在 2001 年 8 月 21 日中国证监会颁布了《关于在上市公司建立独立董事制度的指导意见》，其中第一部分第（三）条规定，"上市公司董事会成员中应当至少包括三分之一的独立董事"。2005 年，新修订的《公司法》第一百二十三条明确规定，"上市公司设立独立董事"，这标志着独立董事制度成为我国上市公司董事会设置的强制性要求。

从中央企业控股上市公司独立董事比例分布情况看（表 4.20），绝大多数中央企业控股上市公司董事会独立董事比例达到了证监会三分之一的比例要求，共有 191 家，占全部样本比例为 91.95%。其中，118 家公司独立董事比例刚好为三分之一，所占比例为 56.19%；仅有 3 家上市公司独立董事比例达到或超过二分之一。这说明，独立董事制度已经在大多数中央企业控股上市公司中得到确立，并且满足了相关法律法规的规制要求，但是一半以上的上市公司独立董事比例刚刚达到三分之一，也反映出其目前还在一定程度上停留于"强制性治理"阶段。

表 4.20　中央企业控股上市公司独立董事比例分布情况

独立董事比例	<1/3	1/3	>1/3	≥1/2	总计
样本数	19	118	70	3	210
样本占比（%）	9.05	56.19	33.33	1.43	100

资料来源：作者整理

（五）董事会人员结构

董事会作为现代公司治理结构的核心，首先要对股东负责，并且能够有效地将公司的战略及时、迅速、准确地传递给管理层，监督审核公司战略的实施，因此，董事会的人员结构不仅仅要有利于实现董事会的独立性，还要能够确保董事会运作的有效性，这就要求董事会构成中应该包括一定比例的股东派出外部董事和内部董事。国务院国资委将外部董事界定为由国有控股股东依法提名推荐，由任职公司或控股公司以外的人员（非本公司或控股公司员工的外部人员）担任的董事。对主体业务全部或大部分进入上市公司的企业，其外部董事应为任职公司或控股公司以外的人员；对非主业部分进入上市公司或只有一部分主业进入上市公司的子公司，以及二级以下的上市公司，其外部董事应为任职公司以外的人员。内部董事则是指在上市公司管理层任职的董事。

从中央企业控股上市公司董事会人员结构构成看（表4.21），内部董事比例的平均值为16.79%，控股股东派出外部董事比例的平均值为35.42%，控股股东派出外部董事比例显著高于内部董事。从区间分布看，88.09%的上市公司董事会内部董事比例低于三分之一，而62.86%的上市公司控股股东派出外部董事比例等于或高于三分之一。这说明，中央企业控股上市公司董事会与管理层之间的独立性保持较好，受控股股东的影响则相对较大。

表4.21　中央企业控股上市公司董事会人员结构构成的描述性统计

类别	<1/3	1/3	>1/3	≥1/2	平均值	最小值	最大值
内部董事比例（%）	185	10	13	2	16.79	0	50
	88.09	4.76	6.19	0.95			
股东派出外部董事比例（%）	78	35	56	41	35.42	0	75
	37.14	16.67	26.67	19.52			

资料来源：作者整理

（六）董事会领导结构

董事会领导结构是董事会治理结构的一个重要属性，多数公司治理准则中都对董事会领导结构做出指导性建议，建议董事长与总经理两职分任。董事会领导结构两职分任从委托代理理论获得了支持，该理论认为两职分任有利于降低由于所有权和控制权分离而产生的代理成本（Fama，Jensen，1983），因而有利于公司绩效的改善。然而，正常继任理论则认为，两职分任只是继任过程的一部分[1]，不会降低代理成本，因此对公司绩效没有任何影响（Vancil，1987）。

从中央企业控股上市公司董事会领导结构看（表4.22），在210家中央企业控股上市公司中，196家公司的董事长与总经理由不同的人员担任，即采取了两职分任的领导结构。另外，大多数上市公司董事长在控股股东单位

---

[1]　Richard H. Fosberg，Michael R. Nelson（1999），Leadership structure and firm performance，International Review of Fiancial Analysis，pp. 83－96

同时任职，比例为 82.86%，董事长由控股股东单位委派的比例则达到 89.52%；尽管上市公司总经理在控股股东单位同时任职的比例较低，为 21.90%，但是总经理由控股股东单位委派的比例也达到 73.33%。这说明，尽管大多数中央企业控股上市公司建立了董事长与总经理两职分离的领导结构，有利于实现董事会与经理层的制衡，但是，董事长与总经理容易受到控股股东单位的支配。

表 4.22　中央企业控股上市公司董事会领导结构情况

董事会领导结构属性	样本数	比例（%）
董事长与总经理分任	196	93.33
董事长在控股股东单位同时任职	174	82.86
董事长由控股股东单位委派	188	89.52
总经理在控股股东单位同时任职	46	21.90
总经理由控股股东单位委派	154	73.33

资料来源：作者整理

（七）董事薪酬激励情况

董事薪酬激励是调动董事工作积极性，确保董事勤勉尽责的重要手段，短期激励和长期激励相结合的董事薪酬结构有利于提高董事履职的积极性，进而提高董事会的运作效率和有效性。当前，董事薪酬激励的普遍做法就是以年薪制为主的短期激励和以董事持股或股权激励为主的长期激励相结合。

从中央企业控股上市公司的董事薪酬结构看（表 4.23），以年薪制为主的短期激励占据主导地位，绝大多数上市公司实行了年薪制，最高前三名董事薪酬总额的平均值为 91.98 万元，最大值为 1626 万元，标准差高达 140.78，说明在中央企业控股上市公司间年薪数额差异显著。以董事长是否持股所代表的董事持股情况表明，仅有 37 家上市公司存在董事持股情况，占总体样本比例仅为 17.62%，这说明大多数中央企业控股上市公司尚未建立董事长期薪酬激励机制，董事薪酬结构有待进一步完善。

表 4.23 中央企业控股上市公司董事薪酬情况

董事薪酬类别	平均值	中位数	最小值	最大值	标准差
最高前三名董事薪酬总额（万元）	91.98	54.6	0	1626	140.78
独立董事津贴总额（万元）	16.83	15	0	72	11.58
董事长是否持有公司股票	持有公司数	37	比例（%）	17.62	-

资料来源：作者整理

小　结

本章对选取的中央企业控股上市公司样本的董事会治理状况从两个层面进行了统计性分析，第一个层面是基于董事会治理指数对董事会治理状况的总体分析，第二个层面是对中央企业董事会治理状况的具体属性特征分析。

通过基于反映董事会治理整体状况的董事会治理指数的分析，可以发现中央企业控股上市公司董事会治理总体状况呈现逐年改善的趋势；在反映董事会治理状况的五个维度中，董事权利与义务履行、董事会组织结构建设和董事薪酬激励状况也呈现出逐年改善的趋势，但是，董事会运作情况和独立董事制度并没有表现出明显的改善；进一步的分析发现，中央企业控股上市董事会治理状况与非央企国有控股上市公司与民营控股上市公司之间并不存在显著差异。

通过对中央企业控股上市公司股东治理与董事会治理具体特征属性的分析，可以发现在中央企业控股上市公司中，有较高比例的公司由中央企业直接控股，而且处于绝对控股状态，在董事会治理方面表现为由控股股东派出的外部董事在董事会处于支配地位，大多数公司的董事长或总经理与控股股东单位存在关联关系，这在一定程度上说明中央企业控股上市公司依然存在典型的行政型治理特征。但是，从董事会规模、董事会会议次数、董事长与总经理两职兼任状况、董事会专业委员会设置等中央企业控股上市公司董事会治理的具体特征属性看，经济性治理结构特征已初步建立。这也充分说明，中央企业控股上市公司正处于从行政型治理向经济型治理转型的过程中。

第五章

董事会治理对公司财务行为
影响的实证分析

　　中央企业控股上市公司特殊的制度背景决定了中央企业控股上市公司承担着更多的社会功能，影响其财务绩效的因素也更为复杂，因而，仅仅从对公司绩效影响的视角来分析其董事会治理的有效性显然有所欠缺。随着行为金融学在公司治理研究领域的应用，从公司财务行为视角分析董事会治理的有效性逐渐受到关注，并且基于财务行为视角分析董事会治理的有效性能在一定程度上降低中央企业控股上市公司目标多元化因素的影响。本章选取了投资和现金持有两种关键财务行为，从董事会治理对这两种财务行为的影响的角度对其有效性进行实证分析与检验。

第一节　研究设计

一、如何衡量董事会治理有效性

　　公司治理研究的一个发展趋势就是从公司治理理论研究到公司治理实证研究，尽管公司治理实证研究的方法多种多样，但基本是围绕一个核心问题展开的，即验证公司治理的有效性。从当前的公司治理实证研究文献看，公司治理有效性研究大致可以分为两类：一种方法是考察高级管理人员变更与公司业绩的相互关系，另一种方法则是检验公司业绩是否优于其他同类公司（李增泉，2005）。

董事会治理结构与机制是公司治理结构与机制的核心，董事会治理有效性的研究也基本遵循公司治理有效性研究的两种范式。由于公司业绩影响因素的复杂性，基于公司绩效的视角分析公司治理或董事会治理的有效性并没有取得很好的效果，特别是产生了很多似是而非的结论。为此，通过第二类范式研究公司治理的有效性越来越引起关注。特别是对董事会而言，从董事会行为是否能够有效履行其职能的视角来分析董事会治理结构与机制的有效性则更加引起关注。从董事会行为视角分析董事会治理结构与机制的有效性主要包括高级管理人员变更、接管市场和公司财务决策行为。

聘任与解雇高级经理人员是董事会的重要职能之一，因此有效的董事会应该能够确保不称职的高级经理人员离开公司（Coffee，1999），大量的实证研究对经理人员变更与变更前公司绩效的关系进行了实证分析（Coughlan，1985；Warner、Watts 和 Wruck，1988；Franks、Mayer，1996；Gilbson，1999；龚玉池，2001；朱红军，2002；李增泉，2005；安凡所，2009），并得出了董事会有效的支持性结论。接管市场董事会行为也被作为一种评价董事会有效性的重要方面，Shivdasani（1993）运用接管市场研究董事会以及在公司治理中所起的作用，发现董事会通过影响公司经理层与接管进程来影响接管可能性，由董事会支持经营者的公司较少可能成为敌意接管者的目标，以及较少可能被不为经理层所支持的投标者所获得。Brickley 等（1994）分析了董事会对采用毒药丸决定的影响，他发现当董事会拥有大部分独立董事时对这一决策的股票市场反应是积极的。反之，当董事会没有大部分独立董事时，则是消极的。这与具有绝大部分外部董事的公司采用毒药丸是为了促进股东利益的保护这个观点一致。而内部董事控制的董事会采用这一计划被认为是促进经营者利益的保护。

随着行为金融学在公司治理研究领域的应用，从公司财务行为视角分析董事会治理的有效性逐渐受到关注。有效地董事会治理应该能够确保董事会采取审慎的财务政策和财务行为，其中，投资行为和现金持有行为是最为重要的两个方面。首先，人们认为投资行为是企业最为重要的战略决策（魏明海、柳建华，2007），而将自有现金流投资于负 NPV 项目的企业过度投资行为是导致投资无效的重要原因之一（唐雪松、周晓苏、马如静，2007）。一方面，上市公司过度投资行为的产生一方面源于经理人员的自利动机，Jensen（1986）认为经理谋取私利最直接的方式是扩大企业规模，因此，经理会尽量利用自由现金流投资，甚至投资于负 NPV 项目，以追求由企业规模扩大而带来的各种利益；Hart（1995）也认为，经理有建造"企业帝国"的强烈动机，经理可以通过扩大企业规模获取更多的利益。另一方面，上市公司过度投资行为的产生来源于经理人员的过度自信，Roll 等（1986）率先提出了管理者傲慢自负假说，认为傲慢自负会影响管理者的决策行为，进而影响并购的发生；Heaton（2002）以管理者过度自信作为研究前提，指出即使考虑信息不对称和委托代理冲突，管理者过度自信也可以在特定投资机会下改变企业现金流的成本与收益，影响企业投资行为；Moore 和 Kim（2003）认为，企业高层管理人员负责的大型投资、兼并并购、资本重组等事项所在的特殊决策环境是管理者过度自信滋生的良好土壤。不管企业过度投资的产生是基于哪种原因，有效的董事会治理结构与机制都应该在抑制过度投资方面发挥作用，Richardson（2002）通过研究发现，独立董事比例和机构投资者持股等治理机制可以有效缓解企业过度投资行为。在我国，上市公司过度投资行为更为严重，从很多公司的年报中可以看到，不少上市公司的募集资金投资并不符合公司的长远利益，它们轻易地把资金投到自己根本不熟悉、与主业毫不相关的产业中，在项目环境发生变化后，又随意地变更投资方向（黄少安、张岗，2001），因此，从这个角度衡量上市公司董事会治理的有效性效果会更为明显。国内部分学者（魏明海等，2007；唐雪松等，2007；李维安等，2007）也基于中国上市公司的数据对董事会治理结构与机制对过度投资行为的抑制作用进行了实证研究，并得出了一些有意义的结论。

　　现金及其等价物是流动性最强的资产，在公司财务中起着重要的作用，公司现金持有是上市公司一种重要的财务行为，也是影响上市公司投资行为的一个重要因素。对现金持有行为的研究最早可追溯到 Keynes（1936），他率先从理论上揭示了企业持有现金的动机，他认为企业主要出于交易性和预防性需要的动机而持有现金，交易性动机是指由于从现金替代物向现金的转化是有成本的，所以为了节省交易成本和避免流动性短缺，公司有必要持有现金以满足实施现值大于零的项目或者日常经营的需要；预防性动机是指由于企业无法充分分散未来现金流的风险，那么就有必要在当前积累现金以预防未来的不时之需或抓住未来可能出现的有利投资机会。Opler 等（1999）认为，企业出于交易性和预防性动机而持有现金，但现金持有过多会产生机会成本，现金持有过少又会产生交易成本，这两种成本的权衡使得公司存在一个最优的现金持有量。Jensen 和 Meckling（1976）认为，现金资产是一种更能被代理人自由处置和更易被侵占的资产，出于对营造企业帝国的追求也会激励着管理者倾向于持有更多的现金而不是将现金支付给投资者，因而现金持有行为更能体现股东和管理者之间的利益冲突。有效的公司治理结构和机制应该能够影响公司的现金持有行为，Ozkan（2004）基于英国企业的实证研究发现，管理者持股以及最终控制权等因素会显著地影响现金持有量；Jani 等（2004）基于瑞士企业的实证研究发现，股权集中程度低的企业持有更多的现金；Kusnadi（2005）基于新加坡企业的实证研究发现，董事会规模以及内部人是否主导董事会都会影响企业的现金持有量。Harford，Mansi 和 Maxwell（2006）利用 Gompers 等（2003）建立的企业层面上的综合治理指数（Gindex）对美国上市公司治理与现金持有水平的关系进行了实证分析，并得出了支持性的结论。国内学者张人骥等（2005）、胡国柳等（2006）、辛宇等（2006）、于东智等（2006）以及李志杰等（2007）从现金持有的角度对第一大股东持股比例、股权性质、董事会特征等对投资行为的影响展开了实证研究，发现上述因素对公司现金持有量存在显著影响。

此外，对中央企业控股上市公司而言，由于制度背景的特殊性，董事会的部分名义职能事实上由控股股东甚至政府代为施行，这就决定了董事会在履行这些职能方面注定是低效或无效的，例如，对高级管理人员的任命。相比之下，这些与公司财务行为相关的董事会职能受外部干预则相对较小，因此，从财务行为的视角来衡量中央企业控股上市公司董事会治理的有效性不失为一个有效的途径。因此，本章从公司投资行为与现金持有两个方面通过实证分析来衡量董事会治理的有效性。

二、样本选择与数据说明

如前所述，本文选择的中央企业控股上市公司样本是截至 2007 年 12 月 31 日，在我国境内（不包括香港）上市的中央企业控股上市公司，共有 235 家。考虑到规制要求、治理环境、规模、行业等方面的特殊性，我们剔除了其中的中小企业板上市公司 18 家、B 股上市公司 6 家以及金融类上市公司 1 家。剩余的样本共有 210 家，其中包括在深圳证券交易所 A 股上市的公司 69 家和在上海证券交易所 A 股上市的公司 141 家。由于衡量中央企业控股上市公司治理总体状况的公司治理指数来源于南开大学公司治理数据库，因此，我们的最后研究样本是沪深 A 股的中央企业控股上市公司样本与南开大学公司治理数据库样本的交集。因此，后面的实证分析中，中央企业控股上市公司的最终研究样本分布是：2004 年 165 家；2005 年 186 家；2006 年 179 家；2007 年 182 家（表 5.1）。

表 5.1　实证分析样本构成情况

年份 交易所	2004	2005	2006	2007	2004 – 2007
深市	65	67	67	64	263
沪市	100	119	112	118	449
合计	165	186	179	182	712

资料来源：作者整理

基于上述数据基础，本文采用面板数据（Panel Data）对董事会治理与公司财务行为和公司绩效的关系进行质证分析。这是因为，面板数据具有横截面数据和时间序列数据不可比拟的优越性。Baltagi（1995）认为面板数据具有控制异方差、提供更多变异性、降低共线性和提高自由度等优点，特别是在公司治理的实证研究中，采用面板数据可在一定程度上控制企业绩效与公司治理机制之间的相互关系对研究结果的影响（Hermalin 和 Weisbach，1991）。

第二节　董事会治理对投资行为影响的实证分析

一、研究假设

（一）中央企业控股上市公司是否存在过度投资行为

在分析企业过度投资行为时，一般把投资现金流相关性作为企业过度投资行为是否存在的判别标准（Vogt，1994；Mark 和 Clifford，1995），其研究逻辑是企业代理问题越严重，经理机会主义倾向越显著，就越有可能通过扩大投资规模追求私利，从而过度投资问题就会更为突出，相应地，投资现金流相关性就会越高。

对中央企业控股上市公司而言，其股权性质为国家绝对控股或相对控股，在这种股权结构下，企业代理问题更为突出，再加上由于体制性约束所导致的企业经营者不拥有或拥有很少企业股份因素，使得经营者更有追求规模扩张的冲动，从而获取更多的规模私利（魏明海等，2007）。另外，政府通过作为控股股东的中央企业对上市公司实施的过度干预与控制，也使得中央企业控股上市公司的经营者更多地对政府负责，进而按照政府的多元化目标经营企业，例如，增加就业岗位、稳定社会环境、投资基础产业、促进GDP 增长等，而通过扩大投资规模而实现的企业规模扩张在很多情况下恰恰能满足政府部门的这些要求。基于上述分析，我们提出假设1。

假设1：中央企业控股上市公司存在过度投资行为。

（二）中央企业控股与过度投资行为

中央企业控股上市公司终极控制人为国务院国有资产监督管理委员会，中央企业行使控股股东权利，其中，中央企业都处于绝对控股或相对控股的地位。但是中央企业对上市公司的控股路径则存在着区别，一些中央企业对上市公司的控股是通过直接持股实现的，另外一些中央企业对上市公司的控股则是通过二三级公司的间接持股而实现的。由于中央企业通过直接持股控股的上市公司与政府联系更为紧密，导致上市公司承担的公共治理目标更为多元化（林毅夫等，2004），"政策性负担"更为繁重，此时，上市公司成为中央企业实现公共治理目标的工具，中央企业会通过行政干预的手段促使上市公司扩大投资规模，进而实现上述目标；经理人员也会为了职位升迁等私利因素，主动迎合政府的这种要求。对于那些中央企业间接持股的控股上市公司而言，由于其政策性负担较轻，目标则相对更多地聚集于经济方面，因此，其盲目扩大投资规模的冲动也相对低得多。基于上述分析，我们提出假设2。

假设2：在其他条件不变的情况下，中央企业直接控股的上市公司相对于间接控股的上市公司更可能导致过度投资行为的出现。

但是，即便是对中央企业间接控股的上市公司而言，也存在过度投资的可能，经理人员和控股股东往往都会借助扩大投资、少支付现金股利的方式来实现对中小股东利益的侵占（La Porta 等，2000；Faccio 等，2001；Vienna，2001），从而可以带来更多地获取自身私利的机会。这是因为，当中央企业在控股上市公司中持股比例相对较低时，由于控股股东尚不能完全支配企业，这给经理人通过扩大投资规模追求个人私利提供了机会。随着中央企业持股比例的增加，控股股东或第一大股东对企业的控制权不断增强，从而为对上市公司施加影响为自身目标服务提供了可能，此时，控股股东或第一大股东往往会主导上市公司投资于那些对自己有利、对上市公司不利的项目。当持股比例达到一定程度之后，由于投资的风险难以转嫁给其他中小股东，控股股东或第一大股东就会考虑到投资效率过低影响到自身利益，从而会抑制自身的过度投资行为。Cho（1988）、Pindado 等（2005）对企业投资与股权结构的研究得出了与上述推理相吻合的支持性结论。基于上述分析，我们提出假设3。

假设3：在其他条件不变的情况下，中央企业控股上市公司控股股东和第一大股东持股比例与企业过度投资行为之间呈现倒"U"形关系。

对于控股股东以外的其他股东而言，由于很难在上市公司取得支配地位，因此，无论是管理层追求个人私利所主导的过度投资，还是控股股东追求私利所主导的过度投资，都会使其利益受到损害，这就决定了过度投资对中小股东而言，是一种"厌恶行为"。要改善这种境况，就需要通过改善股权结构，建立起有利于制衡控股股东权力的多个大股东共存的股权机构，从而弱化控股股东谋取控制权私利的能力。基于上述分析，我们提出假设4。

假设4：在其他条件不变的情况下，股权制衡程度越低的中央企业控股上市公司，过度投资水平越低。

（三）董事会治理与过度投资行为

董事会是协调股东和经理层利益冲突的一种内生性制度安排，是保护股东利益的重要治理机制，股东利益最大化是董事会治理结构与机制设计的目标函数。为此，董事会被赋予了战略决策、监督与选聘管理层等重要职能，因此，有效地董事会治理结构与机制不仅能够实现权力制衡，也应该能够实现决策科学（李维安，2000），而企业投资行为是企业最重要的战略决策内容之一。中央企业控股上市公司尚处于由行政型治理向经济型治理转变的过程中，董事会被赋予了推动这一转变的重大使命，只有建立了职能清晰、边界明确的董事会，这一转变才有可能实现。董事会治理结构与机制是确保董事会职能清晰、边界明确的制度基础，有效的制度安排必须能够保障董事会履行职能，适度投资，从而实现国有资产的保值增值。基于上述分析，我们提出假设5。

假设5：在其他条件不变的情况下，中央企业控股上市公司董事会治理结构与机制能够有效抑制过度投资行为。

董事担负有代表股东监督经理的信托责任，董事的专业背景、职业经历、履职能力、诚信勤勉情况等因素会直接影响到董事权利与义务的履行，而董事权利与义务是董事会有效运作的基础，是董事会治理结构与机制的一个重要组成部分，董事权利与义务的切实履行有利于公司做出公允科学的决策并对公司实施有效的监控。Lipton 和 Lorsch（1992）认为，董事的专业背景和职业经历对董事履行权利和义务具有显著影响，法律和财务专业背景的董事更有利于董事会履行战略投资和风险控制职能，而有过总经理或董事职业经历的董事则更有利于董事会明确公司使命和战略方向。这说明，董事会权利与义务因素会对公司投资行为产生影响。基于此，我们提出假设5（a）。

假设5（a）：在其他条件不变的情况下，良好的董事权利与义务状况能够有效抑制中央企业控股上市公司的过度投资行为。

董事会作用的发挥一方面需要董事会治理结构性因素的保障，另一方面还需要有科学高效的董事会运行机制，二者缺一不可，这两方面共同作用才能确保董事会有效运作，履行董事会职能。沈艺峰（2001）认为，反映董事会运作的董事会会议的质量是衡量董事会运作效果的一个重要的可量化指标，公司董事会每年召开会议的次数可以看作是反映董事会活跃程度的一个重要变量（沈艺峰，2001）。Lipton 和 Lorsch（1992）认为董事会面临的一个共性问题就是缺少促使董事履行职责的激励约束机制；Congeret 等（1998）认为，董事会会议时间是提高董事会有效性，改善董事会运作的重要资源。Pfeffer（1973）认为，董事会规模是影响董事会运作的重要治理机制，规模大的董事会会使得决策更为科学；Jensen（1993）则认为，当董事会成员超过七八人时，董事会成员过于注重谦恭礼让，而忽视了真实和坦诚，这造成董事会运作缺乏应有的效率。这说明，董事会运作机制对公司投资行为存在影响。基于此，我们提出假设5（b）。

假设5（b）：在其他条件不变的情况下，良好的董事会运作能够有效抑制中央企业控股上市公司的过度投资行为。

董事会组织结构是董事会治理结构的重要组成部分，健全的组织结构能够提高董事会决策效率和保证董事会独立运作。董事会专业委员会作为董事会的内部组织，在保证董事会的有效运作中所发挥的重要作用在实践中日益受到重视。特别是安然、世通等公司财务丑闻爆发后，各国政府和经济组织对专业委员会的职能更为重视，例如，2003 年修订的英国公司治理联合准则就建议董事会应该设立审计、提名和薪酬三个专业委员会，而且认为独立董事在专业委员会中应占多数。Klein（1996）认为，执行董事应该更多的在关注于管理决策的专业委员会，例如，战略与投资委员会；非执行董事则应该更多的集中于任务控制决策的专业委员会，例如，薪酬、提名和审计三个专业委员会，这样的专业化分工有利于提高董事会效率。Laing、Weir（1999）

的实证研究也发现董事会专门委员会设立与公司绩效明显正相关。这说明，以董事会专门委员会为核心的董事会组织结构因素对上市公司投资行为存在影响。基于此，我们提出假设5（c）。

假设5（c）：在其他条件不变的情况下，科学合理董事会组织结构设置能够有效抑制中央企业控股上市公司的过度投资行为。

董事会治理的一个重要方面是通过适当的结构与机制设计实现对董事的激励和约束，董事薪酬是董事激励约束机制的最重要的途径。科学的董事会激励约束机制能够促使董事为股东利益最大化目标和公司的持续发展服务，它应该是短期激励和长期激励的组合。短期激励有利于促进董事勤勉尽责，长期激励则能够促使董事在进行决策时考虑公司的长期利益。显然，在进行决策时，科学的董事薪酬激励机制能够激励董事在进行投资决策时，既关注短期收益，又关注长期回报。基于此，我们提出假设5（d）。

假设5（d）：在其他条件不变的情况下，科学合理的董事薪酬结构能够有效抑制中央企业控股上市公司的过度投资行为。

董事会独立性是董事会有效履行战略决策和监督职能的重要保证，独立董事制度为此提供了重要的制度保障，为此，各国公司治理准则都对董事会的独立性做出特别要求，并规定了董事会中独立董事的下限以及必须独立董事担任的角色。2001年8月，中国证监会发布了《关于在上市公司建立独立董事制度的指导意见》，要求上市公司"在2002年6月30日之前，董事会成员中应当至少包括2名独立董事；在2003年6月30日前，上市公司董事会成员中应当至少包括三分之一独立董事"。由于中央企业控股上市公司过度投资往往为控股股东所主导，因此，独立董事制度能够在一定程度上对控股股东行为起到制衡作用，从而使得企业投资行为更符合上市公司的利益。基于此，我们提出假设5（e）。

假设5（e）：在其他条件不变的情况下，健全完善的独立董事制度能够有效抑制中央企业控股上市公司的过度投资行为。

二、实证模型与变量说明

在有关企业投资行为的研究中，企业投资被分为两类：预期的投资支出和非正常投资支出，前者是指由企业的成长机会、融资约束、行业等因素所决定的投资支出，而非正常投资支出则是指由公司治理、外部制度环境等因素影响而产生的投资支出（Richardson，2006）。依据 Tobin Q 理论，在完善的资本市场中，Tobin Q 是企业可利用的、对投资机会市场价值进行评估的一个基本方法，是唯一适合解释投资行为的财务变量，因此，我们使用 Tobin Q 值①衡量企业的潜在投资机会。但是考虑到我国证券市场的实际情况，将主营业务收入增长率作为解释投资机会的补充变量，以控制当前投资机会对投资行为的影响（唐雪松等，2007）。

根据以上分析，我们构造了三个实证模型来衡量中央企业控股上市公司董事会治理因素对公司投资行为的影响：

$$\Delta Invest_i = C + \beta_1 \times Q_i + \beta_2 \times Grow_i + \beta_3 \times FCF_i + \sum_j \gamma_j \times Year_i$$
$$+ \sum_k \lambda_k \times Indu_i \qquad (1)$$

$$\Delta Invest_i = C + \beta_1 \times Q_i + \beta_2 \times Grow_i + \beta_3 \times FCF_i + \beta_4 \times Q_i \times FCF_i$$
$$+ \sum_j \gamma_j \times Year_i + \sum_k \lambda_k \times Indu_i \qquad (2)$$

$$\Delta Invest_i = C + \beta_1 \times Q_i + \beta_2 \times Grow_i + \beta_3 \times FCF_i + \beta_4 \times Q_i \times FCF_{ii}$$
$$+ \beta_5 \times CG_i \times Q_i \times FCF_i + \sum_j \gamma_j \times Year_i + \sum_k \lambda_k \times Indu_i \qquad (3)$$

模型（1）的目的是检验企业投资与现金流之间是否存在显著的相关性，其中，C 代表常数项；$\Delta Invest$ 代表企业的投资支出，等于公司本年现金流量表中的"购建固定资产、无形资产和其他长期资产所支付的现金"②；Q 和 $Grow$ 分别代表托宾 Q 值和主营业务收入增长率，代表投资机会；FCF 代表

① TobinQ 值为企业市场价值与重置价值之比，由于我国上市公司的市场价值和重置价值数据均难以获得，因此，我们参照 Mitchell 和 Lehn（1990）将 TobinQ 近似为 ProxyQ 的计算方法。

② 有一些学者利用资产负债表中的"固定资产净额＋固定资产减值准备"的年初和年末数值之差来计量企业的投资支出，但由于我国上市公司固定资产减值比较容易受到利润操纵的影响，因此，相对而言，现金流量表中的"购建固定资产、无形资产和其他长期资产所支付的现金"数值则更为准确。

企业的自由现金流，等于企业经营活动产生的现金流净额减去债务利息和现金股利[①]；*Year* 为年度虚拟变量；*Indu* 为行业虚拟变量。

模型（2）的目的是检验投资现金流相关性是否由过度投资行为引起，模型中的交叉项的回归系数符号可以用于辨识产生投资现金流相关性的原因，如果系数显著为负，则表明随着投资机会的降低，企业的投资现金流相关性增强，从而说明过度投资行为的存在（Vogt，1994）。

模型（3）的目的是检验在企业过度投资行为存在的情况下，公司治理机制是否发挥作用，即董事会治理因素能否有效抑制过度投资行为。其中，*CG* 是公司治理结构和机制因素，包括持股层级、大股东持股比例、董事会治理指数、董事会治理分指数以及董事会规模、独立董事比例等董事会治理机制与结构属性，模型中的交叉项 $CG \times Q \times FCF$ 的回归系数可以辨识出公司治理机制是否有效，如果系数显著为正，则说明该机制在抑制过度投资行为方面有效，否则无效。有关变量说明参见表5.2。

表5.2　变量定义表

变量类别	变量代码	变量名称	变量定义
因变量	$\triangle Invest$	投资支出	购建固定资产、无形资产和其他长期资产所支付的现金/期初资产总额
解释变量	*Q*	托宾Q	（流通股市值＋非流通股账面价值＋负债账面价值）/资产账面价值
	Grow	主营业务收入增长率	（本年度主营业务收入－上年度主营业务收入）/上年度主营业务收入
	FCF	自由现金流	（企业经营活动产生的现金流净额－债务利息－现金股利）/期初总资产
	Hclass	持股层级	从中央企业到控股上市公司的控制层级

① Lehn 和 Poulsen（1989）利用资产负债表中的项目来计算自由现金流"自由现金流＝折旧前营业利润－所得税－利息－股利"，由于折旧前营业利润中含有应计项目，可能出现应计项目和现金项目的差异，因此利用现金流量表项目计算自由现金流将会更为准确。

变量 类别	变量代码	变量名称	变量定义
解释 变量	Conty	控股类型	控股比例≥0.5，Conty = 0；控股比例 < 0.5，Conty = 1
	Block	大股东持股比例	大股东持有上市公司的股份比例
	Z	Z 指数	第一大股东持股比例/第二大股东持股比例
	Herfind5	Herfindahl 指数	前五位大股东持股比例平方和
	Herfind10	Herfindahl 指数	前十位大股东持股比例平方和
	CGbod	董事会治理指数	反映董事会治理结构与机制的整体状况
	CGbod1	董事会权利义务指数	反映董事履行权力与义务的能力与程度
	CGbod2	董事会运作指数	反映董事会运作机制及其效率
	CGbod3	董事会组织结构指数	反映董事会组织结构设置状况
	CGbod4	董事薪酬指数	反映董事薪酬结构及其激励效果
	CGbod5	独立董事制度指数	反映独立董事制度建设状况及其发挥作用的程度
	Bsize	董事会规模	董事会的人数
	Bmeet	董事会会议频率	在报告期内董事会会议次数
	Audit	审计委员会设置	虚拟变量，设置该专业委员会为1，不设置为0
	Nomin	提名委员会设置	虚拟变量，设置该专业委员会为1，不设置为0
	Strate	战略委员会设置	虚拟变量，设置该专业委员会为1，不设置为0
	Compe	薪酬委员会设置	虚拟变量，设置该专业委员会为1，不设置为0
	Indera	独立董事比例	独立董事人数/董事会总人数

变量类别	变量代码	变量名称	变量定义
解释变量	Prima	董事会领导结构	虚拟变量，反映董事长与总经理是否两职兼任，兼任 = 0，不兼任 = 1
	Dsara	董事薪酬	最高前三名董事薪酬总额
	Dhor	董事持股	反映董事是否持有公司股票，是 = 1，否 = 0
控制变量	Year	年度虚拟变量	虚拟变量，在选择的 4 个年度样本数居中，以 2004 年作为基组，$Year_i$（i = 1，2，3）
	Indu	行业虚拟变量	行业虚拟变量，以农、林、牧、渔业作为基组，$Indu_i$（i = 1，2，…，18）

资料来源：作者整理

三、实证检验和结果分析

（一）中央企业控股上市公司投资水平的描述性统计

从表 5.3 中央企业控股上市公司投资水平的描述性统计看，中央企业控股上市公司投资水平△Invest 的平均值为 0.0603，表明样本公司投资率平均水平为 6.03%。Tobin Q 均值为 1.2310，主营业务收入增长率为 0.4880，表明样本公司存在一定程度的投资机会；自由现金流均值为 0.0336，表明样本公司拥有一定比例的自由现金流，从而存在过度投资的可能性。从标准差看，样本公司之间在投资比率和自由现金流比率上存在较大的差异，说明可能存在一些中央企业控股上市公司过度投资严重的情况。

表 5.3　中央企业控股上市公司投资水平的描述性统计

变量	平均值	中位数	标准差	最小值	最大值
△Invest	0.0603	0.0423	0.0663	− 0.2095	0.4160
Q	1.2310	0.9592	0.8199	0.2249	8.3680
Grow	0.4880	0.2053	5.1629	− 0.9505	136.6522
FCF	0.0336	0.0298	0.0882	− 0.3726	0.3938

资料来源：作者整理。

从表5.4中央企业控股上市公司投资水平的行业比较来看，不同行业的上市公司投资水平存在一定的差异，造纸、印刷业，交通运输、仓储业和采掘业投资水平较高，其平均值分别为15.47%、10.92%和10.89%；而房地产业、综合类行业和信息技术业投资水平相对较低，平均值分别为1.05%、2.32%和3.12%。这说明，行业的差异性对企业投资水平有着一定的影响。

表5.4 中央企业控股上市公司投资水平的行业比较

行业	样本数	平均值	中位数	标准差	最小值	最大值
采掘业	19	0.1089	0.1198	0.0751	-0.1290	0.2148
电力、煤气及水的生产和供应业	58	0.1009	0.0961	0.0826	-0.1554	0.2553
电子	21	0.0527	0.0180	0.0907	0.0021	0.4160
房地产业	11	0.0105	0.0095	0.0119	0.0011	0.0414
纺织、服装、皮毛	19	0.0414	0.0388	0.0290	0.0029	0.0902
机械、设备、仪表	187	0.0437	0.0329	0.0478	-0.1398	0.2337
建筑业	24	0.0418	0.0305	0.0384	0.0009	0.1595
交通运输、仓储业	41	0.1092	0.0707	0.1081	-0.0728	0.3711
金属、非金属	56	0.0735	0.0626	0.0719	-0.2095	0.2058
农、林、牧、渔业	10	0.0355	0.0171	0.0374	0.0000	0.0858
批发和零售贸易	24	0.0478	0.0252	0.0523	0.0039	0.1764
社会服务业	13	0.1087	0.1122	0.0801	0.0174	0.2497
石油、化学、塑胶、塑料	96	0.0699	0.0514	0.0623	-0.0104	0.3116
食品、饮料	20	0.0523	0.0506	0.0386	0.0004	0.1277
信息技术业	68	0.0312	0.0260	0.0379	-0.1641	0.1363
医药、生物制品	25	0.0413	0.0364	0.0274	0.0053	0.1224
造纸、印刷	4	0.1547	0.1287	0.1425	0.0255	0.3358
制造业	12	0.0580	0.0493	0.0338	0.0162	0.1347
综合类	4	0.0232	0.0250	0.0092	0.0114	0.0314
Total	712	0.0603	0.0423	0.0663	-0.2095	0.4160

资料来源：作者整理

（二）过度投资行为的检验

1. 过度投资行为的相关分析

为了初步验证中央企业控股上市公司是否存在投资现金流敏感性和过度投资行为，我们对企业投资水平和自由现金流等企业财务特征之间的关系进行非参数相关分析。表5.5 相关性检验结果显示，企业投资与自由现金流之间存在显著的相关关系，即初步验证中央企业控股上市公司存在投资现金流相关性；另外，结果还显示企业投资水平与企业投资机会和自由现金流的交叉项存在显著的负相关关系，表明随着投资机会的降低，企业的投资现金流相关性增强，从而说明中央企业控股上市公司存在过度投资行为。

表5.5　中央企业控股上市公司投资与现金流非参数相关性检验

	Dinvest	*FCF*	*Q*	*Grow*	*Q × FCF*
Dinvest	1. 000 .	0. 174 ** （0. 000）	− 0. 089 * （0. 017）	0. 193 ** （0. 000）	− 0. 158 ** （0. 000）
FCF	0. 174 ** （0. 000）	1. 000 .	− 0. 067 （0. 074）	0. 102 ** （0. 006）	0. 963 ** （0. 000）
Q	− 0. 089 * （0. 017）	− 0. 067 （0. 074）	1. 000 .	0. 140 ** （0. 000）	0. 104 ** （0. 005）
Grow	0. 193 ** （0. 000）	0. 102 ** （0. 006）	0. 140 ** （0. 000）	1. 000 .	0. 114 ** （0. 002）
Q × FCF	− 0. 158 ** （0. 000）	0. 963 ** （0. 000）	0. 104 ** （0. 005）	0. 114 ** （0. 002）	1. 000 .

注：*，**分别代表显著性水平为10%和5%（2 - tailed），括号内为P值

资料来源：作者整理

2. 过度投资行为的回归分析

在对过度投资行为与现金流进行相关性分析的基础上，我们有对投资现金流相关性做了进一步的回归分析，回归结果参见表5.6。由模型（1）的回归结果看，代表企业投资机会和自由现金流的 *Tobin Q* 和 *FCF* 对企业投资水平存在显著影响，回归系数分别为 0. 0079 和 0. 0296，显著性水平均为 5%。

这说明，在中央企业控股上市公司中投资现金流相关性同样存在，这与其他一些学者以我国上市公司的一般性样本所得出的结论相一致（何金耿、丁加华，2001；周立，2002；唐雪松等，2007）。从模型（2）的回归结果看，交叉项的回归系数为 - 0.0075，显著性水平为 5%，这表明随着投资机会的降低，企业的投资现金流相关性增强，从而说明中央企业控股上市公司存在过度投资行为。

表 5.6　中央企业控股上市公司过度投资行为的回归分析结果

变量	模型（1）		模型（2）	
	回归系数	t 值	回归系数	T 值
C	0.030061 **	2.126929	0.026049 **	2.125722
FCF	0.029629 **	2.196974	0.019370 **	2.423037
Q	0.007887 **	2.081114	0.01226 *	1.867251
$Grow$	- 0.000211	- 0.468371	- 0.000704	- 0.469973
$Q \times FCF$	-	-	- 0.00753 **	- 2.125339
$Indu$	0.126238 ***	2.906786	0.126268 ***	2.903771
$Year2005$	- 0.002894	- 0.441825	- 0.002891	- 0.440801
$Year2006$	- 0.013248 **	- 1.986473	- 0.013243 **	- 1.982893
$Year2007$	- 0.026034 ***	- 3.243735	- 0.026017 ***	- 3.222084
Adj R^2	0.1488		0.1476	
F-stat	6.179177 ***		5.923396 ***	
样本数	712		712	

注：*，＊＊，＊＊＊分别代表显著性水平为 10%、5% 和 1%

资料来源：作者整理

（三）股东治理对中央企业控股上市公司过度投资影响的实证检验

上述实证分析已经证明中央企业控股上市公司存在过度投资行为，但是其过度投资行为的存在显然不仅仅是源于股东和经理人员的委托代理冲突所导致的经理人员自利主义，而是会受到"一股独大"状态下大股东谋求控制权（郭金凤等，2008）和控股股东准政府属性而导致的政府过度干预问题

（魏明海等，2007）的影响。为此，我们在分析影响中央企业控股上市公司过度投资行为的治理因素时，很重要的一个方面就是评价何种股东治理机制有利于抑制过度投资行为。

为此，我们选取了第一大股东持股比例（*Block*）、Herfindahl 指数（*Herfinda*5 和 *Herfinda*10）、Z 指数、持股层级（*Hclass*）和控股类型（*Conty*）等几个反映中央企业控股上市公司股东治理状况的几个最重要的特征属性，对中央企业控股上市公司股东治理对过度投资行为的影响进行实证分析。其中，大股东持股比例反映大股东对上市公司控制权的影响程度；Herfindahl 指数主要衡量上市公司的股权集中程度，*Herfinda*5 指数和 *Herfinda*10 指数分别是指前 5 位和前 10 位大股东的持股比例平方之和；Z 指数主要衡量上市公司的股权制衡程度，为第一大股东与第二大股东持股比例的比值，Z 指数越大，最大股东与第二大股东的力量差异越大，最大股东优势越明显。持股层级和控股类型是反映中央企业与上市公司控制层次关系的指标，其中 *Hclass* 表示中央企业到上市公司的持股层级，*Conty* 表示上市公司是否由中央企业直接控股。

表 5.7 是以第一大股东持股比例（*Block*）、第一大股东持股比例平方（*Block*）、Herfindahl 指数（*Herfinda*5 和 *Herfinda*10）、Z 指数、持股层级（*Hclass*）和控股类型（*Conty*）分别作为主要的解释变量来检验股东治理机制对中央企业控股上市公司过度投资行为制约机制的回归结果。结果显示：当以 *Block* 和 *Block*^{2} 作为影响过度投资行为的解释变量时，其回归系数为 0.1748 和 −0.5912，显著性水平均为 5%，说明第一大股东持股比例对过度投资行为的制约作用随着持股比例的呈现先升后降的趋势，即所谓"倒 U"形关系；当以 *Herfinda*10 × *Q* × *FCF* 和 *HERFINDA*10 × *Q* × *FCF* 作为解释变量时，其回归系数均为 0.3162，显著性水平为 10%；当 Z 以指数作为解释变量时，其回归系数均为 0.0004，但没有通过显著性检验；当以 *Hclass* 作为解释变量时，其回归系数均为 0.0294，显著性水平为 5%；当 *Conty* 以作为解释变量时，其回归系数均为 0.0438，显著性水平为 1%。按照模型（3）的说明，当 *CG* × *Q* × *FCF* 回归系数为正时，说明制约机制有效，因此，我们可以做出判断：在中央企业控股上市公司的上述股东治理机制中，第一大股东持

股比例、以 Herfindahl 指数衡量的股权集中度、持股层级和控股类型能够有效抑制中央企业控股上市公司的过度投资行为；但是以 Z 指数衡量的股权制衡程度在制约过度投资行为方面则没有发挥作用。此外，从持股层级和控股类型对过度投资行为影响的机制看，持股层级越多、控股比例越低对过度投资行为的抑制作用越强，如果我们把二者作为行政性治理的替代变量，则结果说明中央企业控股上市公司经济型治理的增强有利于企业实施更为适当财务行为。而股权制衡度在抑制过度投资行为方面的无效则说明，中小股东对中央企业控股上市公司所采取的财务决策行为的影响程度有限，其主要为作为控股股东的中央企业所主导。

表 5.7　股东治理对中央企业控股上市公司过度投资影响的回归结果

变量	Block	Block^{2}2	HERFIND10	HERFIND5	Z 指数	HCLASS	Conty
Q	0.0078 * (1.8546)	0.0078 * (1.8546)	0.0078 * (1.8731)	0.0078 * (1.8744)	0.0078 * (1.8785)	0.0089 ** (2.1104)	0.0089 ** (2.0984)
$Grow$	− 0.0002 (− 0.4511)	− 0.0002 (− 0.4511)	− 0.0002 (− 0.4361)	− 0.0002 (− 0.4359)	− 0.0002 (− 0.4680)	− 0.0002 (− 0.4505)	− 0.0002 (− 0.4328)
FCF	0.0082 ** (2.1404)	0.0082 ** (2.1404)	0.0311 ** (1.9316)	0.0312 ** (2.4143)	0.0165 ** (1.9937)	0.0276 ** (1.9670)	0.0258 ** (1.9631)
$Q \times FCF$	− 0.0483 ** (− 2.5643)	− 0.0483 ** (− 2.5643)	− 0.0282 ** (− 2.7105)	− 0.0280 ** (− 2.6863)	− 0.0030 ** (− 3.2269)	0.0539 ** (2.4676)	− 0.0177 *** (− 3.2722)
$CG \times Q \times FCF$	0.1748 ** (2.5524)	− 0.5912 ** (2.3023)	0.3161 * (1.7801)	0.3161 * (1.7827)	0.0004 (0.9947)	0.0294 ** (1.9877)	0.0438 *** (5.8688)
$Indu$	0.1029 *** (10.7264)	0.1029 *** (10.7264)	0.0345 ** (2.4145)	0.0452 *** (3.2726)	0.0313 *** (3.3713)	0.0443 *** (3.2018)	0.0344 ** (2.4049)
$Year2005$	− 0.0019 (− 0.2981)	− 0.0019 (− 0.2981)	− 0.0016 (− 0.2421)	− 0.0015 (− 0.2421)	− 0.0024 (− 0.3643)	− 0.0023 (− 0.3633)	− 0.0023 (− 0.3655)
$Year2006$	− 0.0122 * (− 1.8378)	− 0.0122 * (− 1.8378)	− 0.0117 * (− 1.7657)	− 0.0117 * (− 1.7655)	− 0.0127 (− 1.9075)	− 0.0134 ** (− 2.0114)	− 0.0131 ** (− 1.9794)
$Year2007$	− 0.0254 *** (− 3.1593)	− 0.0254 *** (− 3.1593)	− 0.0254 *** (− 3.1523)	− 0.0254 *** (− 3.1529)	− 0.0257 (− 3.1861)	− 0.0265 *** (− 3.2906)	− 0.0264 *** (− 3.2741)
$Adj\ R^2$	0.1482	0.1482	0.1503	0.1503	0.1476	0.1491	0.1483
样本数	712	712	712	712	712	712	712

注：*，＊＊，＊＊＊分别代表显著性水平为10%、5%和1%，括号内为 t 值

资料来源：作者整理

（三）董事会治理对中央企业控股上市公司过度投资影响的实证检验

1. 基于董事会治理指数的实证结果及分析

表 5.8 是以董事会治理指数（CG_{bod}）和董事会治理分指数（CG_{bod1}、CG_{bod2}、CG_{bod3}、CG_{bod4}、CG_{bod5}）分别作为主要的解释变量来检验董事会治理对中央企业控股上市公司过度投资行为制约机制的回归结果，结果显示：当以 $CG_{bod} \times Q \times FCF$ 作为解释变量时，其回归系数为 0.0082，显著性水平为 10%；当以 $CG_{bod2} \times Q \times FCF$ 作为解释变量时，其回归系数为 0.0129，显著性水平为 10%；当以 $CG_{bod3} \times Q \times FCF$ 作为解释变量时，其回归系数为 0.0136，显著性水平为 1%；当以 $CG_{bod5} \times Q \times FCF$ 作为解释变量时，其回归系数为 0.0009，显著性水平为 5%；但是，当以 $CG_{bod1} \times Q \times FCF$ 和 $CG_{bod4} \times Q \times FCF$ 作为解释变量时，回归结果不显著。这说明，中央企业控股上市公司董事会治理整体上能够有效抑制过度投资行为的发生，具体到董事会治理发生作用的具体维度时，董事会运作、董事会组织结构和独立董事制度在抑制过度投资行为方面作用明显，但董事权利与义务和董事薪酬作用不显著。对这种结果可以从两个方面做出解释，一方面，这在一定程度上说明了董事会治理在抑制过度投资行为方面的有效性；另一方面，个别董事会治理维度在抑制过度投资行为方面的局部失效则解释了行政型治理对经济型治理替代作用的存在。就董事薪酬而言，中央企业控股上市公司的多数董事在控股股东单位领薪，同时，在现有的体制下，多数公司尚未建立长期的薪酬激励机制，导致激励不足；此外，这些企业存在的强政治关联所派生出来的行政性激励弱化了经济性激励的效果，这些因素在一定程度上导致了董事薪酬治理的失效。

表5.8 董事会治理对中央企业控股上市公司过度投资影响的回归结果

变量	董事会治理指数					
	CG_{bod}	CG_{bod1}	CG_{bod2}	CG_{bod3}	CG_{bod4}	CG_{bod5}
Q	0.0074 * (1.7712)	0.0068 ** (2.4548)	0.0091 ** (2.1329)	0.0069 ** (2.1419)	0.0079 * (1.8961)	0.0078 * (1.8577)
$Grow$	−0.0002 (−0.4699)	−0.0002 (−0.4919)	−0.0002 (−0.4341)	−0.0002 (−0.4881)	−0.0002 (−0.4401)	−0.0002 (−0.4665)
FCF	0.0009 ** (2.3398)	0.0143 ** (2.0985)	0.0463 ** (2.1129)	0.0120 ** (2.1135)	0.0068 ** (2.1872)	0.0284 ** (2.2806)
$Q \times FCF$	−0.479468 * (−1.7629)	−0.2196 *** (−2.8947)	−0.0533 ** (−2.4281)	−0.0972 ** (−2.3590)	−0.1289 * (−1.8609)	−0.0505 ** (−2.4385)
$CG \times Q$ $\times FCF$	0.0082 * (1.7761)	0.0033 (1.4391)	0.0129 * (1.8023)	0.0136 *** (2.8256)	0.0161 (0.31532)	0.0009 ** (2.1726)
$Indu$	0.0691 *** (8.3158)	0.0766 ** (2.1761)	0.1263 *** (2.9097)	0.0704 ** (2.2022)	0.1236 *** (2.8499)	0.1274 *** (2.9178)
$Year2005$	−0.0031 (−0.4858)	−0.0026 (−0.4080)	−0.0039 (−0.6050)	−0.0035 (−0.5360)	−0.0034 (−0.5254)	−0.0028 (−0.4323)
$Year2006$	−0.012883 ** (−1.9311)	−0.0119 * (−1.7740)	−0.0142 ** (−2.1223)	−0.0126 * (−1.9005)	−0.0141 ** (−2.1136)	−0.0132 ** (−1.9684)
$Year2007$	−0.025472 *** (−3.1572)	−0.0246 *** (−3.0389)	−0.0282 *** (−3.4593)	−0.0252 *** (−3.1220)	−0.0258 *** (−3.2067)	−0.0259 *** (−3.2085)
$Adj\ R^2 2$	0.1502	0.1489	0.1504	0.1502	0.1522	0.1464
$F\text{-}stat$	5.8347 ***	5.7841 ***	5.8391 ***	5.8339 ***	5.9080 ***	5.6891 ***
样本数	712	712	712	712	712	712

注：＊，＊＊，＊＊＊分别代表显著性水平为10%、5%和1%，括号内为 t 值。

资料来源：作者整理

上述关于董事会治理对过度投资影响的实证检验结果是建立在中央企业控股上市公司整体样本的基础上，为了进一步验证实证结果的稳健性以及对董事会治理在不同控制类型的中央企业控股上市公司中作用机制的比较，我们按照中央企业直接控股和间接控股、中央企业绝对控股和相对控股两种分组方式对中央企业控股上市公司董事会治理指数对企业过度投资水平影响进行分组的实证检验。

表5.9是董事会治理指数对企业过度投资水平影响的按控股层级分组的回归结果，结果显示：对中央企业直接控股的上市公司而言，董事会治理指数对企业过度投资水平存在显著性影响，回归系数为0.0181，显著性水平为10%；在董事会治理的5个分指数中，董事会运作指数、董事会组织结构指数和独立董事制度指数影响显著，回归系数分别为0.0319、0.0101和0.0076，显著性水平分别为5%、5%和1%，而董事权利与义务指数、董事薪酬指数影响不显著。这说明，在中央企业直接控股的上市公司中，董事会治理整体上能够有效抑制过度投资行为的发生，具体到董事会治理发生作用的具体维度时，董事会运作、董事会组织结构和独立董事制度在抑制过度投资行为方面作用明显，这与整体样本的回归结果相一致。对中央企业间接控股的上市公司而言，董事会治理指数对企业过度投资水平存在显著性影响，回归系数为0.0039，显著性水平为1%；在董事会治理的5个分指数中，董事会运作指数、董事会组织结构指数、董事薪酬指数和独立董事制度指数影响显著，回归系数分别为0.0025、0.0018、0.0012和0.0021，显著性水平分别为1%、5%、5%和1%，而董事权利与义务指数影响不显著。这说明，在中央企业间接控股的上市公司中，董事会治理整体上能够有效抑制过度投资行为的发生，具体到董事会治理发生作用的具体维度时，董事会运作、董事会组织结构、董事薪酬和独立董事制度在抑制过度投资行为方面作用明显。通过对分组回归结果的比较我们可以发现，在中央企业间接控股的上市公司中董事薪酬机制能够有效抑制过度投资行为，而在中央企业直接控股的上市公司中其作用则不明显。这可能是因为在中央企业直接控股的上市公司中，董事薪酬主要由作为控股股东的中央企业决定，并且董事更关心由政府主导的行政职务晋升等非薪酬性激励因素，而在中央企业间接控股的上市公司中，董事更关心薪酬性激励因素的缘故。换言之，当中央企业控股上市公司的行政型治理强度弱化时，经济型治理的效果更为突出。

表5.10是董事会治理指数对企业过度投资水平影响的按控股比例分组的回归结果，结果显示：对中央企业绝对控股的上市公司而言，董事会治理指

数对企业过度投资水平存在显著性影响，回归系数为 0.0115，显著性水平为 10%；在董事会治理的五个分指数中，董事会运作指数、董事会组织结构指数和独立董事制度指数影响显著，回归系数分别为 0.0069、0.0081 和 0.0042，显著性水平分别为 5%、5% 和 1%，而董事权利与义务指数、董事薪酬指数影响不显著。这说明，在中央企业绝对控股的上市公司中，董事会治理整体上能够有效抑制过度投资行为的发生，具体到董事会治理发生作用的具体维度时，董事会运作、董事会组织结构和独立董事制度在抑制过度投资行为方面作用明显，这与整体样本以及中央企业直接控股样本的回归结果相一致。对中央企业相对控股的上市公司而言，董事会治理指数对企业过度投资水平存在显著性影响，回归系数为 0.0028，显著性水平为 5%；在董事会治理的五个分指数中，董事会运作指数、董事会组织结构指数、董事薪酬指数和独立董事制度指数影响显著，回归系数分别为 0.0004、0.0004、0.0014 和 0.0005，显著性水平分别为 5%、5%、5% 和 1%，而董事权利与义务指数影响不显著。这说明，在中央企业相对控股的上市公司中，董事会治理整体上能够有效抑制过度投资行为的发生，具体到董事会治理发生作用的具体维度时，董事会运作、董事会组织结构、董事薪酬和独立董事制度在抑制过度投资行为方面作用明显。通过对分组回归结果的比较我们可以发现，在中央企业相对控股的上市公司中董事薪酬机制能够有效抑制过度投资行为，而在中央企业绝对控股的上市公司中其作用则不明显。这可能是因为在中央企业绝对控股的上市公司中，中央企业对上市公司拥有绝对的控制权，其对董事薪酬决定过程的干预导致上市公司薪酬结构和机制缺乏激励性；而中央企业相对控股的上市公司中，董事薪酬的市场化程度则更高一些，薪酬结构与机制的激励性也相对较强。我们可以进一步认为，在行政型治理程度相对较低的中央企业控股上市公司中，经济型治理更能有效发挥作用，即二者之间存在显著的替代关系。

表 5.9　董事会治理指数对企业过度投资水平影响的分组回归结果(按控股股级分组)

变量	中央企业直接控股						中央企业间接控股					
	CG_{bod}	CG_{bod1}	CG_{bod2}	CG_{bod3}	CG_{bod4}	CG_{bod5}	CG_{bod}	CG_{bod1}	CG_{bod2}	CG_{bod3}	CG_{bod4}	CG_{bod5}
Q	0.0144*	0.0132**	0.0160*	0.0131**	0.0159*	0.0145*	0.0058*	0.0053**	0.0061**	0.0056**	0.0060*	0.0064**
	(1.7307)	(2.2850)	(1.8995)	(2.0918)	(1.9131)	(1.7388)	(1.7675)	(2.1580)	(2.3623)	(2.1003)	(1.8260)	(2.2041)
Grow	-0.0007	-0.0013	-0.0007	-0.0012	-0.0001	-0.0013	-0.0001	-0.0001	-0.0001	-0.0001	-0.0001	-0.0001
	(-0.1348)	(-0.2722)	(-0.0099)	(-0.2593)	(-0.0128)	(-0.2496)	(-0.2134)	(-0.2245)	(-0.1919)	(-0.2132)	(-0.2004)	(-0.1944)
FCF	0.0813**	0.0775**	0.0049**	0.0821**	0.1021*	0.0391	0.0481**	0.0263**	0.0645**	0.0774***	0.0544**	0.0650**
	(2.0266)	(2.0562)	(2.0182)	(2.2180)	(1.9130)	(2.0058)	(2.1060)	(2.0387)	(2.2126)	(4.5407)	(2.2205)	(2.2917)
$Q \times FCF$	-1.0983*	-0.3415**	-0.1380*	-0.6387**	-0.6115**	-0.3838**	-0.2079***	-0.1455***	-0.1710***	-0.0567**	-0.0446***	-0.0980***
	(-1.8611)	(-2.0792)	(-1.7675)	(-2.4297)	(-2.2493)	(-2.0820)	(-3.1368)	(4.1244)	(-3.1894)	(-2.2366)	(-7.1678)	(-4.0570)
$CG \times Q \times FCF$	0.0181*	-0.0046	0.0319**	0.0101**	0.0097	0.0076***	0.0039***	0.0025	0.0025**	0.0018**	0.0012**	0.0021*
	(1.7937)	(-0.9207)	(2.0715)	(2.1111)	(1.1403)	(3.0432)	(2.7711)	(1.5126)	(2.6726)	(2.2963)	(2.4805)	(1.9016)
Indu	0.0507**	0.0517**	0.0489**	0.0514**	0.0483**	0.0487**	0.0345***	0.0346***	0.0351***	0.0351***	0.0350***	0.0345***
	(2.2743)	(2.2997)	(2.1963)	(2.3110)	(2.1713)	(2.1700)	(3.1368)	(3.1478)	(3.1894)	(3.1865)	(3.1772)	(3.1267)
Year2005	0.0025	0.0045	0.0015	0.0022	0.0047	0.0079	-0.0052	-0.0049	-0.0051	-0.0054	-0.0055	-0.0053
	(0.2015)	(0.3561)	(0.1246)	(0.1809)	(0.3714)	(0.6191)	(-0.6975)	(-0.6548)	(-0.6882)	(-0.7320)	(-0.7392)	(-0.7175)
Year2006	-0.0103	-0.0077	-0.0101	-0.0076	-0.0121	-0.0052	-0.0141*	-0.0134*	-0.0145*	-0.0143*	-0.0148*	-0.0146*
	(-0.7921)	(-0.5971)	(-0.7870)	(-0.5867)	(-0.9287)	(-0.3910)	(-1.8467)	(-1.7317)	(-1.9060)	(-1.8743)	(-1.9401)	(-1.9164)
Year2007	-0.0285*	-0.0277*	-0.0331**	-0.0274*	-0.0280*	-0.0270*	-0.0244***	-0.0234**	-0.0248***	-0.0244***	-0.0249***	-0.0253***
	(-1.7992)	(-1.7408)	(-2.0661)	(-1.7358)	(-1.7735)	(-1.6973)	(-2.6218)	(-2.4826)	(-2.6613)	(-2.6169)	(-2.6742)	(-2.7161)
Adj $R^2$2	0.1360	0.1270	0.1400	0.1406	0.1529	0.1304	01488	0.1495	0.1483	0.1486	0.1481	0.1485
样本数	252	252	252	252	252	252	460	460	460	460	460	460

注:* * *、* *、*分别代表显著性水平为 10%、5% 和 1%,括号内为 t 值。

资料来源:作者整理

126

表5.10 董事会治理指数对企业过度投资水平影响的分组回归结果(按控股比例分组)

变量	中央企业绝对控股						中央企业相对控股					
	CG_{bod}	CG_{bod1}	CG_{bod2}	CG_{bod3}	CG_{bod4}	CG_{bod5}	CG_{bod}	CG_{bod1}	CG_{bod2}	CG_{bod3}	CG_{bod4}	CG_{bod5}
Q	0.0205** (2.5715)	0.0212*** (2.6138)	0.0215** (2.6992)	0.0208*** (2.6354)	0.0214*** (2.6943)	0.0215*** (2.6890)	0.0036** (1.9718)	0.0024* (1.7487)	0.0037* (1.7121)	0.0038* (1.7121)	0.0037* (1.7963)	0.0036* (1.7167)
Grow	0.0036 (0.6727)	0.0035 (0.6535)	0.0036 (0.6765)	0.0033 (0.6230)	0.0033 (0.6271)	0.0031 (0.5879)	-0.0004 (-0.7641)	-0.0004 (-0.7736)	-0.0004 (-0.7664)	-0.0004 (-0.7656)	-0.0004 (-0.7545)	-0.0004 (-0.7669)
FCF	0.0642** (2.0232)	0.0321*** (2.0033)	0.0182*** (5.4107)	0.0590** (1.9770)	0.0891*** (2.7304)	0.0506** (1.9811)	0.0065** (2.5365)	0.0400*** (2.6078)	0.0165** (1.9683)	0.0180** (2.2390)	0.0070** (3.4942)	0.0174*** (3.4900)
$Q \times FCF$	-0.7274* (-1.8043)	-0.0801*** (-2.7075)	-0.4697*** (-4.8821)	-0.5187*** (-2.6359)	-0.4084* (-1.8926)	-0.1576*** (-2.6848)	-0.1595** (2.2474)	-0.3393** (-2.2486)	-0.0183** (3.4889)	-0.0258*** (-3.4751)	-0.0771** (-2.2530)	-0.0323** (-2.5433)
$CG \times Q \times FCF$	0.0115* (1.6796)	-0.0003 (-0.0835)	0.0069*** (3.4492)	0.0081** (2.5045)	0.0058 (0.8909)	0.0042*** (2.7103)	0.0028** (2.4294)	-0.0053 (-1.5646)	0.0004** (2.0674)	0.0004** (2.1271)	0.0014** (2.4747)	0.0005*** (3.1343)
Indu	0.0628** (2.3459)	0.0621** (2.3050)	0.0621** (2.3155)	0.0630** (2.3668)	0.0618** (2.3090)	0.0619*** (2.3047)	0.0325** (2.5097)	0.0316*** (2.4456)	0.0329*** (2.5393)	0.0328*** (2.5366)	0.0326** (2.5207)	0.0330** (2.5478)
Year2005	-0.0035 (-0.4079)	-0.0030 (-0.3507)	-0.0044 (-0.5014)	-0.0044 (-0.5118)	-0.0034 (-0.3930)	-0.0022 (-0.2486)	0.0007 (0.0756)	0.0017 (0.1724)	0.0007 (0.0721)	0.0008 (0.0821)	0.0006 (0.0626)	0.0007 (0.0762)
Year2006	-0.0168* (-1.7226)	-0.0166* (-1.6762)	-0.0177** (-1.8028)	-0.0156 (-1.6076)	-0.0180* (-1.8398)	-0.0153 (-1.5475)	-0.0071 (-0.7568)	-0.0051 (-0.5364)	-0.0074 (-0.7943)	-0.0075 (-0.7975)	-0.0076 (-0.8173)	-0.0075 (-0.7982)
Year2007	-0.0560*** (-4.3394)	-0.0582*** (-4.4806)	-0.0589*** (-4.5697)	-0.0555*** (-4.3345)	-0.0567*** (-4.4007)	-0.0580*** (-4.4934)	-0.0083 (-0.7628)	-0.0061 (-0.5561)	-0.0084 (-0.7685)	-0.0083 (-0.7684)	-0.0084 (-0.7777)	-0.0083 (-0.7634)
Adj R²	0.2211	0.2131	0.2169	0.2306	0.2213	0.2153	0.1094	0.1146	0.1090	0.1089	0.1095	0.1090
样本数	300	300	300	300	300	300	412	412	412	412	412	412

注:***、**、*分别代表显著性水平为10%、5%和1%,括号内为t值。

资料来源:作者整理

2. 基于董事会治理属性特征的实证结果及分析

表5.11是董事会治理属性特征对过度投资行为影响的回归结果，主要解释变量则包括董事会会议次数（Bmeet）、董事会规模（Bsize）、审计委员会设置（Audit）、薪酬委员会设置（Compe）、提名委员会设置（Nomin）和战略委员会设置（Srate）、董事长与总经理是否两职兼任（Prima）、最高前三名董事薪酬数额（LNtop）、在上市公司领取薪酬的董事比例（Dsara）、持有公司股票的董事比例（Dhora）和独立董事比例（Indra）。回归结果显示，董事会会议次数、董事会规模、董事会审计委员会设置、董事会战略委员会设置、持有公司股票的董事比例、在上市公司领取薪酬的董事比例和独立董事比例等董事会治理特征属性对过度投资行存在显著影响，显著性水平分别为1%、5%、1%、1%、5%、5%和5%，回归系数分别为0.0077、0.0453、0.0283、0.1429、0.1396和0.0369。而董事长与总经理是否两职兼任、最高前三名董事薪酬数额、提名委员会设置、薪酬委员会设置等董事会治理特征属性对企业过度投资行为的影响则不显著。

根据上述回归系数的符号，我们可以做出判断：董事会会议次数越多，企业的过度投资行为越可能受到抑制，这可能是因为董事有更多的时间讨论投资决策问题，投资行为更为审慎；董事会规模越大，企业的过度投资行为越可能受到抑制，这可能是因为较大的董事会中董事人员结构更为合理，有利于投资决策的科学化，减少低效率的投资；董事会审计委员会和战略委员会设置有利于抑制企业过度投资行为，这可能是因为两个专业委员会分别行使着财务监督和战略审核的职能，而投资决策属于二者的职能范畴，审计委员会职能的履行有利于防范低效率投资行为的发生，战略委员会职能的履行则有利于对企业投资决策进行更为全面科学的分析和评价；持有上市公司股票和领取薪酬的董事比例对企业投资行为存在抑制作用，这说明董事薪酬机制在一定程度上能够调动董事关注企业发展的积极性，而且当企业发展能和自身的经济收益相关联时，这种关注越发明显；最后，独立董事在抑制企业过度投资行为方面发挥着显著作用，一方面，独立董事多具财务、审计、投资等方面的职业背景，有利于提高投资决策水平；另一方面，随着独立董事比例的提高，独立董事的独立性角色更为突显，更有可能抑制由大股东主导的非效率性投资行为。

基于上述实证分析结果，我们可以认为，从对中央企业过度投资行为影响的角度看，董事会会议次数、董事会规模、董事会审计委员会设置、董事会战略委员会设置、持有公司股票的董事比例、在上市公司领取薪酬的董事比例和独立董事比例等董事会治理结构和机制性因素相对有效，也就是说，这些董事会治理结构和机制的设计能够有利于董事会更好地履行投资决策的相关职能，提高企业决策效率。而董事长与总经理是否两职兼任、最高前三名董事薪酬数额、提名委员会设置、薪酬委员会等董事会治理结构和机制的失效说明，在行政型治理作用下，董事和高管人员选聘、董事薪酬确定以及董事长和总经理的决策权限等董事会职能外部化，董事会容易被控股股东所主导，进而导致作为经济型治理制度安排的董事会治理结构的效用无法充分发挥，出现所谓董事会治理"形似而神不似"的问题。

表5.11 董事会治理特征属性对企业过度投资水平影响的回归结果

变量	董事会治理特征属性									
	Bmeet	Bsize	Audit	Nomin	Strate	Compe	Prima	Dhora	Dsara	Indera
Q	0.0083** (1.9859)	0.0091** (2.1597)	0.0089** (2.0963)	0.0092** (2.1634)	0.0077* (1.8181)	0.0086** (2.0489)	0.0082* (1.9625)	0.0090** (2.1563)	0.0089** (2.1265)	0.0089** (2.1308)
Grow	-0.0002 (-0.4895)	-0.0002 (-0.4126)	-0.0002 (-0.4868)	-0.0002 (-0.4466)	-0.0002 (-0.4765)	-0.0002 (-0.5144)	-0.0002 (-0.4762)	-0.0002 (-0.4885)	-0.0002 (-0.4681)	-0.0002 (-0.5152)
FCF	0.0328** (1.9787)	0.0306** (2.5713)	0.0267*** (2.5980)	0.0181*** (3.1589)	0.0256** (1.9664)	0.0117*** (2.5930)	0.0218** (1.9713)	0.0285** (2.5525)	0.0105* (1.8884)	0.0167* (1.9254)
$Q \times FCF$	-0.0658*** (-3.2797)	-0.2283** (-2.2611)	-0.0227* (-1.9215)	-0.0240** (-1.9923)	-0.0105*** (-3.2984)	-0.0452*** (-3.8177)	-0.0025*** (-3.1922)	-0.0312*** (-3.2058)	-0.0977* (-1.7395)	-0.1256* (-1.8311)
$CG \times Q \times FCF$	0.0077* (2.6857)	0.0235** (2.4209)	0.0453** (5.7219)	0.0573 (1.2889)	0.0283*** (5.8142)	-0.0555 (-1.4274)	0.0374 (0.6825)	0.1429** (2.3549)	0.1396** (2.2754)	0.0369** (2.1553)
Indu	0.0360** (2.5131)	0.0366** (2.5609)	0.0340** (2.3719)	0.0346** (2.4178)	0.0352** (2.4566)	0.0353** (2.4683)	0.0347** (2.4234)	0.0361** (2.5270)	0.0362** (2.5301)	0.0369** (2.5777)
Year2005	-0.0026 (-0.4027)	-0.0020 (-0.3022)	-0.0022 (-0.3353)	-0.0020 (-0.3065)	-0.0022 (-0.3353)	-0.0020 (-0.3020)	-0.0021 (-0.3273)	-0.0025 (-0.3868)	-0.0024 (-0.3728)	-0.0023 (-0.3531)
Year2006	-0.0129* (-1.9358)	-0.0119* (-1.7997)	-0.0129* (-1.9353)	-0.0128* (-1.9284)	-0.0126* (-1.8893)	-0.0126* (-1.8912)	-0.0125* (-1.8762)	-0.0135** (-2.0338)	-0.0130** (-1.9611)	-0.0130* (-1.9555)
Year2007	-0.0267*** (-3.2960)	-0.0263*** (-3.2652)	-0.0259*** (-3.2110)	-0.0263*** (-3.2630)	-0.0255*** (-3.1556)	-0.0259*** (-3.2153)	-0.0254*** (-3.1486)	-0.0271*** (-3.3607)	-0.0275*** (-3.4039)	-0.0265*** (-3.2925)
Adj R²	0.1490	0.1536	0.1485	0.1494	0.1472	0.1489	0.1470	0.1533	0.1528	0.1522
样本数	712	712	712	712	712	712	712	712	712	712

注:***、**、*分别代表显著性水平为10%、5%和1%,括号内为t值。

资料来源:作者整理

第三节　董事会治理对现金持有行为影响的实证分析

一、研究假设

（一）控股股东治理、董事会治理与现金持有水平

现金持有水平决策是公司一项非常重要的财务决策，20 世纪 90 年代末，这一问题随着企业出现持有大量现金及现金等价物问题的日益突出而引起关注。Opler、Pinkowitz、Stulz 和 Williamson（1999）利用权衡理论和融资优序理论对现金持有水平的决定机制进行了解释。权衡理论认为公司会在现金的持有成本以及基于交易动机和预防动机所产生的现金持有收益之间进行综合考虑，进而确定出一个最优的现金持有水平。融资优序理论则认为公司的现金持有水平只是一个由盈利能力、投资和融资决策所共同决定的、被动的产出函数，并不存在所谓的最优现金持有水平。这两个模型都是从财务特征角度来分析公司现金持有水平的影响因素，并没有考虑委托代理问题和公司治理机制在现金持有水平决策中的作用，即假设公司的管理层和控股股东是为了全体股东的财富最大化而进行决策的（辛宇、徐莉萍，2007）。

随着研究的深入，人们注意到控股股东和管理层在进行现金持有决策时，不可能简单地以股东财富最大化作为出发点，而是存在一定的利益背离，也就是说，公司治理因素在企业现金持有决策过程中同样发挥了作用。Mikkelson 和 partch（2003）在针对美国上市公司的实证研究中，发现了公司治理对现金持有水平存在影响的间接证据。Harford（1999）发现，现金充裕的公司更有可能进行并购活动，而且它们所支付的购买价格往往过高，并购之后的经营绩效也常常要比其他的并购差。Almeida 等（2002）发现，管理层持股水平低的公司，在即使不存在融资约束时，也会倾向于保持一个较高的现金持有水平。Dittmar、Mahrt-Smith 和 Servaes（2003）基于 45 个国家 11000 多家公司的研究发现，投资者保护程度对现金持有水平存在影响，投

资者保护程度差的国家上市公司的现金持有水平是投资者保护程度比较好的国家的两倍，显然这些现金很可能被用于管理层和控股股东的私利。也就是说，影响公司现金持有水平的因素不仅仅是一些公司的财务特征，公司治理因素在现金持有决策过程中同样发挥作用。

在影响公司现金持有决策的公司治理因素中，控股股东和董事会治理占有举足轻重的地位。在对控股股东治理因素与现金持有水平相关性的研究中，Faulkender（2002）以美联储1993年调查的雇员在500人以下的小公司为样本开展的实证研究发现，现金持有水平与第一大股东的股份比例负相关；Guney 等（2004）以日本、法国、德国和英国1983到2000年3989家公司为样本开展的实证研究发现，股权集中度与现金持有水平负相关，Ferreira与Vilela（2004）以1987到2000年欧盟上市公司为样本的实证研究也得出了同样的结论。另外一些学者通过实证研究发现了董事会治理因素与现金持有之间的相关关系，Kusnadi（2003）以新加坡230家上市公司为样本的实证研究发现，现金持有水平与董事会规模正相关；Kalcheva 和 Lins（2004）则发现董事会权利"制衡"指数与公司现金持有水平存在负相关关系；Harford等（2007）对1993—2004年间美国187家公司的11645个观测样本的实证研究发现，公司现金持有水平与董事会规模、独立董事人数负相关。

对中央企业控股上市公司而言，国家控股的所有权模式、优质资产注入的改制方式等历史原因造成其很难与作为控股股东的中央企业彻底独立，而是往往存在着紧密的关联，因此，一些中央企业从上市公司获取更多"回报"，特别是会有持有更多现金的倾向，以便更容易侵占和挪用上市公司的资金，这表现为国有股东的"攫取之手"。结果是作为控股股东的中央企业往往直接干预企业的现金持有决策。基于此，我们提出假设6。

假设6：在其他条件不变的情况下，中央企业控股上市公司现金持有水平会受到中央企业持股类型、大股东持股比例和股权集中度等控股股东治理因素的影响。

对董事会而言，随着现金持有水平在企业持续发展和经营风险控制体系中作用的日益增长，现金持有水平决策在企业战略决策系统中的重要性也日

益突出。据统计，1994 年标准普尔 500 家公司的现金持有量总计高达 7160
亿美元，其中福特、通用、IBM 的现金持有量分别为 138 亿、107 亿、105 亿
美元；我国上市公司现金持有量一直处于上升趋势，其中 2001—2003 年上市
公司平均现金持有量高达 3.23 亿、3.39 亿、3.80 亿元人民币（杨兴全等，
2007）。这意味着能否维持一个适度的现金持有水平成为衡量董事会职能履
行状况的一个重要指标，董事会治理结构与机制应该能够促使上述目标的实
现。基于此，我们提出假设 7。

假设 7：在其他条件不变的情况下，中央企业控股上市公司现金持有水
平会受到董事会治理结构与机制因素的影响。

（二）影响现金持有水平的其他控制变量

影响公司现金持有的因素有很多，为了更好地研究董事会治理对现金持
有水平的影响，控制其他相关因素的干扰，我们选取了以下几个方面的控制
变量：

1. 企业规模

Barclay 和 Smith（1995）认为，由于证券发行的固定成本带来的规模经
济，大规模企业的外部融资成本低于小规模企业，因此，大规模企业能够比
较容易筹集到资金。大规模公司由于多元化经营。可以通过出售非核心资产
来获取现金流量，而能够降低发生财务困境的风险（Rajan 等，1995），另
外，企业规模越大，公司破产被清算的可能性也就越小，财务危机的预期成
本也就越低，企业为预防动机所持有的现金也就越少。而小规模企业借债时
的限制性条款较多，外部融资成本高昂，发生财务困境时也更容易被清算，
因此，其现金流短缺的风险也相对较大（Ozkan，1996）。

2. 企业成长性

按照 Opler 等（1999）的交易成本模型，增长机会越多，成长性越好的
企业越倾向于持有更多现金，以降低投资机会丧失的成本。信息不对称模型
则从增长机会可作为信息不对称的替代变量并进而与外部融资成本正相关的
角度出发，预期企业现金持有水平与企业增长机会正相关。此外，债务代理
成本模型、管理者操控性代理成本模型也均认为公司的成长性和投资机会与

现金持有之间存在显著影响（李志杰等，2007）。

3. 现金流量

现金流量是企业现金持有的来源，企业的现金流量越多，放弃有价值投资机会的风险与面临的财务困境风险越低，也就是说，现金持有水平和现金流量保持着一定程度的替代关系，因此，这类企业一般会保持较低的现金持有水平。

4. 财务杠杆

大多数理论模型预期现金持有与企业的财务杠杆比率存在显著相关关系，但这种相关关系并不确定。交易成本模型认为，财务杠杆在某种程度上可充当企业发行债务能力的替代变量，预期财务杠杆比率应与企业现金持有水平负相关。Baskin（1987）也认为，当债务融资增加时，投资于流动性资产的成本也随之增加，这同样意味着随着资本结构中债务比率的增加，企业将减少现金持有。但是，随着财务杠杆的增加，企业破产的概率就会上升，为降低企业发生财务困境的风险，高财务杠杆的企业一般持有较高的现金（杨兴全、孙杰，2007）。

另外，由于行业的差异以及宏观经济环境随着时间的波动，均会对现金持有水平产生影响，因此，行业和时间也同属于控制变量的范围。

二、实证模型与变量说明

（一）现金持有与超额现金持有的度量

1. 现金持有水平的度量

对现金持有水平的度量，主要有三种方法：第一，以现金及现金等价物与扣除现金及现金等价物后的总资产比率来衡量企业的现金持有水平（Opler等，1999）；第二，以现金与销售收入的比率来衡量企业的现金持有水平（Faulkender，2002）；第三，以现金及现金等价物之和与总资产的比率来衡量企业的现金持有水平（Ozkan等，2002）。本文选取第三种方法来度量现金持有水平，并把货币资金和短期投资之和来替代现金及现金等价物之和，即用货币资金和短期投资之和与总资产的比率来衡量企业的现金持有水平

（Cashold）。

$$Cashold = \frac{货币资金 + 短期投资}{总资产}$$

显然，行业因素有可能会对现金持有水平产生显著影响，为了消除行业因素的影响，本文按照中国证监会行业分类标准对现金持有量水平进行调整，将各公司现金持有量水平减去其所在行业现金持有量水平的均值，即为行业调整的现金持有量水平（Incashold）。

Incashold = 公司现金持有量水平 – 公司所在行业现金持有量水平的均值

2. 超额现金持有的度量

以行业调整后的现金持有水平为因变量，以相关的财务特征指标为自变量，可以得出基于企业财务特征的现金持有水平估计模型：

$$Incashold_i = \alpha_0 + \alpha_1 \times Ta_i + \alpha_2 \times Grow_i + \alpha_3 \times Lever + \alpha_4 \times Cflow_i$$

$$+ \sum_{j=1}^{18} \beta_j \times Indu_{ij} + \sum_{k=1}^{3} \gamma_k \times Yearik + \varepsilon_i \qquad (1)$$

模型（1）所估计出来的现金持有水平预测值可以被看作是上市公司的一个正常现金持有水平，而实际值与预测值之间的差异（估计模型的残差）的绝对值称作超额现金持有水平（Uincashold）。超额现金持有的含义是实际现金持有水平与正常现金持有水平之间的差异或偏离程度。

$$Uincashold = |\, Inchshold - Inca\hat{s}hold\,|$$

（二）基于现金持有行为的董事会治理有效性检验模型

为了从对现金持有决策影响的角度检验中央企业控股上市公司董事会治理的有效性，在上述分析的基础上，借鉴 Opler、Pinkowitz、Stulz 和 Willianson（1999）的实证分析框架，本文建立如下回归模型：

$$Cashold_i = \alpha_0 + \alpha_1 \times Ta_i + \alpha_2 \times Grow_i + \alpha_3 \times Leven + \alpha_4 \times Cflow_i + \alpha_5 \times Block_i$$

$$+ \alpha_6 \times CFdiv_i + \alpha_7 \times Hclass_i + \alpha_8 \times Z_i + \alpha_9 \times Herfindahl_i$$

$$+ \alpha_{10} \times CG_{bod} + \sum_{j=1}^{18} \beta_j \times Indu_{ij} + \sum_{k=1}^{3} \gamma_k \times Yearik + \varepsilon_i \qquad (2)$$

模型（2）是通过分析董事会治理指数与现金持有水平的相关关系，来检验中央企业控股上市公司董事会治理的总体有效性，如果二者之间存在显著相关关系，说明董事会治理从总体上会对企业现金持有水平产生影响。

$$Incashold_i = \alpha_0 + \alpha_1 \times Ta_i + \alpha_2 \times Grow_i + \alpha_3 \times Leven + \alpha_4 \times Cflow_i + \alpha_5 \times Block_i$$

$$+ \alpha_6 \times CFdiv_i + \alpha_7 \times Hclass_i + \alpha_8 \times Z_i + \alpha_9 \times Herfindahl_i$$

$$+ \alpha_{10} \times CG_{bod} + \sum_{j=1}^{18} \beta_j \times Indu_{ij} + \sum_{k=1}^{3} \gamma_k \times Yearik + \varepsilon_i \qquad (3)$$

模型（3）是通过分析董事会治理指数与行业调整后的现金持有水平的相关关系，来检验中央企业控股上市公司董事会治理的总体有效性，如果二者之间存在显著相关关系，说明董事会治理从总体上会对企业现金持有水平产生影响。

$$Uincashold_i = \alpha_0 + \alpha_1 \times Ta_i + \alpha_2 \times Grow_i + \alpha_3 \times Leven + \alpha_4 \times Cflow_i$$

$$+ \alpha_5 \times Block_i + \alpha_6 \times CFdiv_i + \alpha_7 \times Hclass_i + \alpha_8 \times Z_i$$

$$+ \alpha_9 \times Herfindahl_i + \alpha_{10} \times CG_{bod} + \sum_{j=1}^{18} \beta_j \times Indu_{ij}$$

$$+ \sum_{k=1}^{3} \gamma_k \times Yearik + \varepsilon_i \qquad (4)$$

模型（4）是通过分析董事会治理指数与超额现金持有水平的相关关系，来检验中央企业控股上市公司董事会治理的总体有效性，如果二者之间存在显著的负相关关系，说明董事会治理从总体上会对抑制企业超额现金持有水平，董事会治理在现金持有决策方面总体上有效。

$$Cashold_i = \alpha_0 + \alpha_1 \times Ta_i + \alpha_2 \times Grow_i + \alpha_3 \times Leven + \alpha_4 \times Cflow_i + \alpha_5 \times Block_i$$

$$+ \alpha_6 \times CFdiv_i + \alpha_7 \times Hclass_i + \alpha_8 \times Z_i + \alpha_9 \times Herfindahl_i$$

$$+ \alpha_{10} \times CG_{bod1} + \alpha_{11} \times CG_{bod2} + \alpha_{12} \times CG_{bod3} + \alpha_{13} \times CG_{bod4}$$

$$+ \alpha_{14} \times CG_{bod5} + \sum_{j=1}^{18} \beta_j \times Indu_{ij} + \sum_{k=1}^{3} \gamma_k \times Yearik + \varepsilon_i \qquad (5)$$

模型（5）是通过分析董事会治理分指数与企业现金持有水平的相关关系，来检验中央企业控股上市公司董事会治理的各个维度的有效性，如果董事会治理的某个分指数与企业现金持有水平存在显著的相关关系，说明董事会治理的该维度会对企业现金持有水平产生影响。

$$Incashold_i = \alpha_0 + \alpha_1 \times Ta_i + \alpha_2 \times Grow_i + \alpha_3 \times Leven + \alpha_4 \times Cflow_i + \alpha_5 \times Block_i$$

$$+ \alpha_6 \times CFdiv_i + \alpha_7 \times Hclass_i + \alpha_8 \times Z_i + \alpha_9 \times Herfindahl_i$$

$$+ \alpha_{10} \times CG_{bod1} + \alpha_{11} \times CG_{bod2} + \alpha_{12} \times CG_{bod3} + \alpha_{13} \times CG_{bod4}$$

$$+ \alpha_{14} \times CG_{bod5} + \sum_{j=1}^{18} \beta_j \times Indu_{ij} + \sum_{k=1}^{3} \gamma_k \times Yearik + \varepsilon_i \qquad (6)$$

模型（6）是通过分析董事会治理分指数与行业调整后的现金持有水平的相关关系，来检验中央企业控股上市公司董事会治理的各个维度的有效性，如果董事会治理的某个分指数与行业调整后的现金持有水平存在显著的相关关系，说明董事会治理的该维度会对企业现金持有水平产生影响。

$$Uincashold_i = \alpha_0 + \alpha_1 \times Ta_i + \alpha_2 \times Grow_i + \alpha_3 \times Leven_i + \alpha_4 \times Cflow_i + \alpha_5 \times Block_i$$

$$+ \alpha_6 \times CFdiv_i + \alpha_7 \times Hclass_i + \alpha_8 \times Z_i + \alpha_9 \times Herfindahl_i$$

$$+ \alpha_{10} \times CG_{bod1} + \alpha_{11} \times CG_{bod2} + \alpha_{12} \times CG_{bod3} + \alpha_{13} \times CG_{bod4}$$

$$+ \alpha_{14} \times CG_{bod5} + \sum_{j=1}^{18} \beta_j \times Indu_{ij} + \sum_{k=1}^{3} \gamma_k \times Yearik + \varepsilon_i \qquad (7)$$

模型（7）是通过分析董事会治理分指数与超额现金持有水平的相关关系，来检验中央企业控股上市公司董事会治理的各个维度的有效性，如果董事会治理的某个分指数与超额现金持有水平存在显著的负相关关系，说明董事会治理的该维度会抑制企业超额现金持有水平，董事会治理在现金持有决策方面部分有效。

（三）变量定义

1. 被解释变量

如上所述，参考国内外文献对企业现金持有的度量方法，我们把货币资金和短期投资之和与总资产的比率定义为现金持有量水平。考虑到行业因素的影响，我们还根据行业不同对现金持有量水平进行了调整。此外，为了考察董事会治理因素对超额现金持有的抑制作用，我们还对超出基于企业财务特征的现金持有水平的超额现金持有水平进行了分析。

因此，我们选取了现金持有水平（Cashold）、行业调整后的现金持有水平（Incashold）、超额现金持有水平（Uincashold）作为被解释变量进行实证检验。

2. 解释变量

为了分析董事会治理的有效性，我们选择反映中央企业控股上市公司董事会治理总体水平的董事会治理指数（CG_{bod}）作为主要解释变量；同时，为了进一步考察董事会治理各个维度的作用机制，我们也把董事权利与义务指数（CG_{bod1}）、董事会运作指数（CG_{bod2}）、董事会组织结构指数（CG_{bod3}）、董事薪酬指数（CG_{bod4}）和独立董事制度指数（CG_{bod5}）5 个董事会治理分指数作为董事会治理对企业现金持有作用机制分析的解释变量。

为了更深入地分析作为控股股东的中央企业对上市公司现金持有决策的影响，我们同时也把反映控股股东治理状况的持股层级（Hclass）、第一大股东持股比例（Block）、控制权与现金流权偏离程度（CFdiv）、Z 指数和 Her-findahl 指数作为辅助的解释变量。此外，我们也引入和行业和年度虚拟变量，控制了可能存在的行业和年度影响。

表 5.12　变量定义表

变量类别	变量代码	变量名称	变量定义
因变量	Cashold	现金持有水平	（货币资金＋短期投资）/总资产
	Incashold	行业调整后的现金持有水平	公司现金持有量水平－所在行业现金持有量水平的均值
	Iincashold	超额现金持有水平	基于企业财务特征的现金持有水平估计模型的残差
解释变量	Q	托宾 Q	（流通股市值＋非流通股账面价值＋负债账面价值）/资产账面价值
	Grow	主营业务收入增长率	（本年度主营业务收入－上年度主营业务收入）/上年度主营业务收入
	Cflow	现金流量	本期企业经营活动产生的现金流净额
	Lever	资产负债率	期末总负债/期末总资产
	Hclass	持股层级	从中央企业到控股上市公司的控制层级
	Conty	控股类型	控股比例≥0.5，Conty = 0，控股比例 < 0.5；Conty = 1
	Block	大股东持股比例	大股东持有上市公司的股份比例
	Cfdiv	控制权与现金流权偏离程度	控制权/现金流权（参见第四章说明）

变量类别	变量代码	变量名称	变量定义
	Z	Z 指数	第一大股东持股比例/第二大股东持股比例
	$Herfindahl$	Herfindahl 指数	前 n 位大股东持股比例的平方和，反映股权集中程度，$Herfindahl\_n = \sum_{i=1}^{n} shareratioi^2$
解释变量	CG_{bod}	董事会治理指数	反映董事会治理结构与机制的整体状况
	CG_{bod1}	董事会权利与义务指数	反映董事履行权力与义务的能力与程度
	CG_{bod2}	董事会运作指数	反映董事会运作机制及其效率
	CG_{bod3}	董事会组织结构指数	反映董事会组织结构设置状况
	CG_{bod4}	董事薪酬指数	反映董事薪酬结构及其激励效果
	CG_{bod5}	独立董事制度指数	反映独立董事制度建设状况及其发挥作用的程度
控制变量	$Year$	年度虚拟变量	虚拟变量，在选择的 4 个年度样本数居中，以 2004 年作为基组，Year$_i$（i = 1，2，3）
	$Indu$	行业虚拟变量	行业虚拟变量，以农、林、牧、渔业作为基组，Indu$_i$（i = 1，2，…，18）

资料来源：作者整理

三、实证检验和结果分析

（一）基于董事会治理指数的实证结果及分析

表 5.13 是董事会治理指数对现金持有水平影响的回归结果，包含分别以 *Cashold*、*Incashold*、*Uncashold* 分别作为被解释变量与董事会治理指数和董事会治理分指数分别作为主要解释变量时的六种回归结果。模型（2）和模型

（5）是以现金持有水平作为被解释变量的回归模型，模型（2）的回归结果显示，中央企业控股上市公司控制类型、控制权与现金流权分离程度以及股权制衡程度等股东治理因素对现金持有水平存在显著影响，回归系数分别为0.0391、0.0183和 −0.0001；董事会治理指数的回归系数为 −0.0008，显著性水平为5%。模型（5）在模型（2）的基础上对董事会治理分指数对现金持有水平的影响进行了分析，回归结果显示，董事会运作指数、董事会组织结构指数和独立董事制度指数对现金持有水平存在显著影响，显著性水平分别为5%、10%和5%，回归系数分别为 −0.0006、−0.0002和 −0.0004，而董事权利与义务指数、董事薪酬指数对现金持有水平的影响则不显著。模型（2）和模型（5）的回归结果还显示，企业财务杠杆、经营活动产生的现金流对现金持有水平分别存在显著的负向影响和正向影响，显著性水平为1%。实证结果说明，中央企业控股上市公司董事会治理整体上对现金持有水平存在显著的负向影响，即董事会治理水平越高，现金持有水平越低；这种影响主要体现在董事会运作、董事会组织结构和独立董事制度三个方面，而董事权利与义务和董事会薪酬的作用则不明显。同时，股东治理机制对中央企业控股上市公司现金持有水平也存在影响，具体表现为：中央企业直接控股对上市公司现金持有水平存在正向影响，即中央企业直接控股的上市公司现金持有水平相对较高；控制权与现金流权分离程度对上市公司现金持有水平存在正向影响，即控制权与现金流权分离程度越大的上市公司现金持有水平越高；第二大股东对第一大股东的制衡对现金持有水平存在显著的负向影响，即第二大股东对第一大股东的制衡程度越高，上市公司现金持有水平相对要低。

模型（3）和模型（6）是以行业调整后的现金持有水平作为被解释变量的回归模型，模型（3）的回归结果显示，中央企业控股上市公司控制类型、控制权与现金流权分离程度以及股权制衡程度等股东治理因素对行业调整后的现金持有水平存在显著影响，回归系数分别为0.0287、0.0133和 −0.0001；董事会治理指数的回归系数为 −0.0008，显著性水平为5%。模型（6）在模型（3）的基础上对董事会治理分指数对行业调整后的现金持有水平的影响进行了分析，回归结果显示，董事会运作指数、董事会组织结构指数和独立董事制度指数对行业调整后的现金持有水平存在显著影响，显著性水平分别为 5%、10% 和 5%，回归系数分别为 - 0.0006、- 0.0003 和 - 0.0006，而董事权利与义务指数、董事薪酬指数对行业调整后的现金持有水平的影响同样不显著。模型（3）和模型（6）的回归结果也同样验证了企业财务杠杆、经营活动产生的现金流对行业调整后的现金持有水平分别存在显著的负向影响和正向影响。实证结果说明，中央企业控股上市公司董事会治理整体上对行业调整后的现金持有水平存在显著的负向影响，即董事会治理水平越高，行业调整后的现金持有水平越低；这种影响同样主要体现在董事会运作、董事会组织结构和独立董事制度三个方面，而董事权利与义务和董事会薪酬的作用则不明显。同时，股东治理机制对中央企业控股上市公司行业调整后的现金持有水平也存在影响，其作用机理与对现金持有水平的影响相同。

　　模型（4）和模型（7）是以超额现金持有水平作为被解释变量的回归模型，模型（4）的回归结果显示，中央企业控股上市公司控制类型、控制权与现金流权分离程度以及股权制衡程度等股东治理因素对超额现金持有水平存在显著影响，回归系数分别为 0.0229、0.0091 和 - 0.0001；董事会治理指数的回归系数为 - 0.0003，显著性水平为 1%。模型（7）在模型（4）的基础上对董事会治理分指数对超额现金持有水平的影响进行了分析，回归结果显示，董事会运作指数、董事会组织结构指数和独立董事制度指数对超额现金持有水平存在显著影响，显著性水平分别为 5%、5% 和 10%，回归系数分别为 - 0.0440、- 0.0002 和 - 0.0007，而董事权利与义务指数、董事薪酬指数对超额现金持有水平的影响同样不显著。模型（4）和模型（7）的回归结果还显示，企业资产规模、企业财务杠杆、经营活动产生的现金流对超额现金持有水平分别存在显著的负向、负向和正向影响。实证结果说明，中央企业控股上市公司董事会治理整体上对超额现金持有水平存在显著的负向影响，即董事会治理水平越高，超额现金持有水平越低；这种影响同样主要体现在董事会运作、董事会组织结构和独立董事制度三个方面，而且这种影响的显著性要明显高于对现金持有水平及行业调整后的现金持有水平的影响。另外，股东治理机制对中央企业控股上市公司超额现金持有水平的影响也保持了相对稳定性，其作用机理与对现金持有水平和行业调整后的现金持有水平相同。

表 5.13 董事会治理指数对现金持有水平影响的回归结果

变量	Cashold		Incashold		Uincashold	
	模型（2）	模型（5）	模型（3）	模型（6）	模型（4）	模型（7）
$Ln(TA)$	-0.0061 (-1.5086)	-0.0062 (-1.5100)	-0.0035 (-0.9938)	-0.0037 (-1.0285)	-0.0040 * (-1.6683)	-0.0045 * (-1.8788)
$Grow$	-0.0002 (-0.1981)	-0.0002 (-0.2326)	-0.0003 (-0.4387)	-0.0004 (-0.4763)	0.0000 (0.0402)	0.0002 (0.4083)
$Lever$	-0.1877 *** (-8.2339)	-0.1861 *** (-8.1094)	-0.1695 *** (-7.8297)	-0.1672 *** (-7.6739)	-0.0843 *** (-5.7513)	-0.0708 *** (-4.9914)
$Sinh^{-1}$ $(Cflow)$	0.0009 *** (3.1693)	0.0010 *** (3.1878)	0.0008 ** (2.8502)	0.0008 *** (2.9447)	0.0001 ** (2.0479)	0.0003 ** (2.3507)
$Conty$	0.0391 *** (3.8030)	0.0387 *** (3.7632)	0.0287 *** (3.1123)	0.0286 *** (3.1053)	0.0229 *** (3.6732)	0.0300 *** (4.7269)
$Cfdiv$	0.0183 ** (1.9789)	0.0168 * (1.8028)	0.0133 * (1.6483)	0.0123 *** (2.8211)	0.0091 ** (2.3586)	0.0174 *** (3.0237)
Z	-0.0001 * (-1.8724)	-0.0001 * (-1.9383)	-0.0001 * (-1.7584)	-0.0001 * (-1.8070)	-0.0000 * (-1.7937)	0.0000 * (-1.7512)
$Herfindahl$ 5	-0.0366 (-0.9844)	-0.0331 (-0.8884)	-0.0502 (-1.4436)	-0.0465 (-1.3345)	0.0220 (0.9364)	-0.0147 (-0.6391)
CG_{bod}	-0.0008 ** (-2.4005)	—	-0.0006 *** (-2.6680)	—	-0.0003 *** (3.0912)	—
CG_{bod1}	—	0.0007 (1.3482)	—	0.0008 (1.3899)	—	0.0003 (0.8199)
CG_{bod2}	—	-0.0006 ** (-2.7822)	—	-0.0006 ** (-2.2744)	—	-0.0440 ** (-2.2917)
CG_{bod3}	—	-0.0002 * (-1.7188)	—	-0.0003 *** (-3.9885)	—	-0.0002 ** (-2.0154)

续表

变量	Cashold		Incashold		Uincashold	
	模型（2）	模型（5）	模型（3）	模型（6）	模型（4）	模型（7）
CG_{bod4}	–	0.0006 （1.3560）	–	0.0006 （1.2816）	–	0.0006 （0.5336）
CG_{bod4}	–	– 0.0004 ** （ – 2.2986）	–	– 0.0006 ** （ – 2.3047）	–	– 0.0007 * （ – 1.7572）
行业固定效应	Yes	Yes	No	No	Yes	Yes
年度固定效应	No	No	No	No	No	No
Adj R^2	0.3006	0.3011	0.1057	0.1068	0.2099	0.2085
F-stat	11.1881 ***	10.0094 ***	8.0034 ***	6.3112 ***	7.2963 ***	6.5070 ***
样本数	712	712	712	712	712	712

注：*，**，***分别代表显著性水平为10%、5%和1%，括号内为 t 值

资料来源：作者整理

从上述实证回归结果及分析看，中央企业控股上市公司董事会治理整体状况对企业现金持有行为存在显著影响，董事会治理整体水平越高，企业现金持有水平相应越低，超额现金持有水平也相应较低，即董事会治理在一定程度上抑制了企业的超额现金持有，这说明，从对企业现金持有行为的影响看，中央企业控股上市公司董事会治理整体有效。同时，在反映董事会治理状况的 5 个方面来看，董事会运作、董事会组织结构和独立董事制度能显著影响企业现金持有行为，主要是抑制超额现金持有；而董事权利和义务、董事薪酬并没有表现出明显的作用，这说明，从对企业现金持有行为的影响看，中央企业控股上市公司董事会运作、董事会组织结构和独立董事制度是相对有效的，而董事权利与义务、董事薪酬等治理因素的有效性则相对较差。这一实证分析结果与前面对过度投资行为的实证结果基本相同，即在董事会治理总体上有效的同时，受行政型治理因素影响较大的部分董事会治理因素不能发挥预期的作用，或者说，行政型治理在一定程度上替代了经济型治理的作用。

（二）基于董事会治理属性的回归结果及分析

表5.14是董事会治理特征属性对现金持有水平影响的回归结果，包含分别以 Cashold、Incashold、Uincashold 分别作为被解释变量的三种回归结果，主要解释变量则包括董事会会议次数（Bmeet）、董事会规模（Bsize）、董事会专业委员会设置〔包括审计委员会（Adit）、薪酬委员会（Compe）、提名委员会（Nomin）和战略委员会（Strate）〕、董事长与总经理是否两职兼任（Prima）、最高前三名董事薪酬数额（LNtop）、在上市公司领取薪酬的董事比例（Dsara）、持有公司股票的董事比例（Dhora）和独立董事比例（Idera）。当以作 Cashold 为被解释变量时，回归结果显示，董事会会议次数、董事会规模、董事会审计委员会设置、董事会战略委员会设置、持有公司股票的董事比例和独立董事比例等董事会治理特征属性对其存在显著影响，显著性水平分别为 5%、1%、10%、1%、10% 和 1%，回归系数分别为 0.0008、−0.0244、−0.0213、−0.0394、−0.0196、−0.7269。当以作为被解释变量时，回归结果显示，董事会规模、董事会审计委员会设置、董事会战略委员会设置和独立董事比例等董事会治理特征属性对其存在显著影响，显著性水平分别为 1%、5%、1% 和 5%，回归系数分别为 −0.0234、−0.0170、−0.0381 和 −0.6819。当以 Uincashold 作为被解释变量时，回归结果显示，董事会规模、董事会审计委员会设置、董事会战略委员会设置和独立董事比例等董事会治理特征属性对其存在显著影响，显著性水平分别为 5%、10%、1% 和 5%，回归系数分别为 −0.0212、−0.0210、−0.0399 和 −0.6530。

从上述回归结果看，董事会规模、董事会审计委员会设置、董事会战略委员会设置和独立董事比例作为重要的董事会治理机制设计，对企业现金持有行为影响显著，特别是能够有效抑制企业的超额现金持有行为；董事会会议次数、持有公司股票的董事比例尽管也存在一定的作用，但这种作用表现并不稳健。换言之，从对现金持有行为的影响看，中央企业控股上市公司董事会规模、董事会审计委员会设置、董事会战略委员会设置和独立董事比例4个方面的董事会治理因素相对有效，而董事会会议次数、董事长与总经理两职分任、董事会薪酬委员会设置、董事持股和薪酬情况等则没有表现出显著的作用。这一实证分析结果与前面对过度投资行为的实证结果基本相同，即在部分董事会治理结构和机制有效的同时，受行政型治理因素影响较大的部分董事会治理属性不能发挥预期的作用，这可能是因为行政型治理在一定程度上替代了经济型治理的作用。

表 5.14　董事会治理特征属性对现金持有水平影响的回归结果

变量	Cashold		Incashold		Uincashold	
	回归系数	t 值	回归系数	t 值	回归系数	t 值
Ln（TA）	− 0.0050	− 1.1896	− 0.0014	− 0.3850	− 0.0003	− 0.0739
$Grow$	− 0.0001	− 0.0664	− 0.0002	− 0.2348	0.0001	0.1720
$Lever$	− 0.1815 ***	− 7.8788	− 0.1657 ***	− 7.6389	− 0.0196	− 0.8588
$Sinh^{-1}$（$Cflow$）	0.0010 ***	3.2138	0.0008 ***	2.9962	0.0010 ***	3.3455
$Controtype$	0.0414 ***	4.0690	0.0309 ***	3.3617	0.0416 ***	4.1266
$Cfdiv$	0.0147 **	2.3822	0.0119 **	2.4478	0.0133 **	2.1767
Z	− 0.0001 *	− 1.8575	− 0.0001 *	− 1.8658	− 0.0001 *	− 1.8095
$Herfindahl5$	− 0.0338	− 0.8757	− 0.0417	− 1.1526	− 0.0293	− 0.7679
$Bmeet$	0.0008 **	2.5860	− 0.0009	− 0.7065	− 0.0008	− 0.6132
$Bsize$	− 0.0244 ***	− 2.8094	− 0.0234 ***	− 2.7445	− 0.0212 **	− 2.4645
$Audit$	− 0.0213 *	− 1.9481	− 0.0170 **	− 2.3807	− 0.0210 *	− 1.9478
$Compe$	0.0141	1.2068	0.0121	1.0896	0.0146	1.2624
$Nomin$	− 0.0026	− 0.2310	− 0.0051	− 0.4768	− 0.0019	− 0.1689
$Strate$	− 0.0394 ***	− 3.2399	− 0.0381 ***	− 3.3228	− 0.0399 ***	− 3.3184
$Prima$	− 0.0081	− 0.6144	− 0.0085	− 0.6575	− 0.0084	− 0.6387
$LNtop$	− 0.0035	− 0.6168	− 0.0027	− 0.4971	− 0.0033	− 0.5879
$Dsara$	− 0.0187	− 1.1316	− 0.0174	− 1.1031	− 0.0162	− 0.9904
$Dhora$	− 0.0196 *	− 1.7145	− 0.0179	− 1.1818	− 0.0236	− 1.5209
$Indera$	− 0.7269 ***	− 2.6242	− 0.6819 **	− 2.5096	− 0.6530 **	− 2.3808

续表

变量	Cashold		Incashold		Uincashold	
	回归系数	t 值	回归系数	t 值	回归系数	t 值
行业固定效应	Yes		No		No	
年度固定效应	No		No		No	
Adj R²	0. 3230		0. 1322		0. 0506	
F-stat	9. 2732 ***		5. 7100 ***		2. 8003 ***	
样本数	712		712		712	

注：＊，＊＊，＊＊＊分别代表显著性水平为10％、5％和1％，括号内为t值。

资料来源：作者整理

小 结

本章从公司财务行为视角对董事会治理的有效性进行了实证检验和分析。投资和现金持有是企业最为重要的两种财务行为，有效地董事会治理应该能够确保董事会采取审慎的财务政策和财务行为，即其不仅应该能够对这两种财务行为产生影响，而且应该能够有效抑制不当的财务行为——过度投资和超额现金持有。

基于中央企业控股上市公司投资行为的实证分析发现，中央企业控股上市公司存在过度投资行为，董事会治理能够有效抑制过度投资行为的发生；进一步的分析发现，董事会运作、董事会组织结构和独立董事制度在抑制过度投资行为方面作用明显。但是，董事薪酬机制对过度投资行为的抑制作用并不显著，这可能与在这类上市公司中董事薪酬主要由作为控股股东的中央企业而非市场主导，并且董事更关心由政府主导的行政职务晋升等非薪酬性激励因素有关。换言之，这些企业存在的强政治关联所派生出来的行政性激励弱化了经济性激励的效果，这是行政型治理与经济型治理替代作用的重要体现。具体到董事会治理特征属性，董事会会议次数、董事会规模、董事会审计委员会设置、董事会战略委员会设置和独立董事比例等董事会治理结构和机制有利于董事会更好地履行投资决策的相关职能，抑制过度投资行为，提高企业投资决策效率。

基于中央企业控股上市公司现金持有行为的实证分析发现，中央企业控股上市公司董事会治理整体上对企业现金持有行为存在显著影响，董事会治理整体水平越高，企业现金持有水平相应越低，超额现金持有水平也相应较低，即董事会治理在一定程度上抑制了企业的超额现金持有。进一步地分析发现，董事会运作、董事会组织结构和独立董事制度能显著影响企业现金持有行为，有效抑制超额现金持有。具体到董事会治理特征属性，董事会规模、董事会薪酬委员会设置、董事会审计委员会设置和独立董事比例这几种董事会治理因素对企业现金持有行为影响显著，能够有效抑制企业的超额现金持有行为。

第六章

董事会治理到公司绩效传导
机制的实证分析

通过上一章对中央企业控股上市公司国家控股特征和董事会治理对企业投资决策和现金持有决策影响的实证分析，我们可以发现国家控股和董事会治理的部分结构和机制对企业财务行为存在显著的影响。在这一实证研究结论的基础上，我们进一步通过实证研究分析这种影响是否会最终作用于公司绩效。

第一节　研究设计

一、如何衡量董事会治理对公司绩效影响的传导机制

如前所述，在公司治理与董事会治理有效性的大量实证研究文献中，绝大多数还是集中于对公司绩效影响的研究，然而研究结果的大相径庭给我们的一个启发就是董事会治理对公司绩效的影响可能并不是直接的，这种影响

可能是通过中介变量①传递而实现的。按照产业组织理论的SCP研究范式②，我们可以按照公司治理结构影响公司行为，进而影响到公司绩效的路径来衡量董事会治理对公司绩效影响的传导机制是否存在。一些学者已经在采用过传导机制验证公司治理作用的方式，李志杰、王化成等（2007）把公司的理财决策作为中介变量，通过实证分析对上市公司控制权特征对现金持有的影响进行了研究，发现以股权特征和董事会特征为衡量手段的控制权特征显著影响了公司的现金持有水平；其中，公司的理财决策是重要的传导机制。这说明，公司治理因素对公司财务绩效影响的传导机制可能确实存在。

按照分析传导机制的中介效应的定义，中介效应是一种间接效应，其关键是寻找到一种合适的中间变量（温忠麟，2004）。在分析自变量与因变量的关系时，中介变量的引入应该满足两个基本条件：第一，自变量对中介变量存在显著影响；第二，中介变量对因变量存在显著影响。从董事会治理结构与机制、企业投资行为和现金持有行为与公司绩效三者间的逻辑关系看，董事会治理结构与机制应该对公司绩效产生影响，但是其对企业投资和现金持有等财务行为的影响更为直接，而企业投资和现金持有等财务行为势必会影响到企业的财务绩效，因此，企业投资和现金持有等财务行为满足了作为分析董事会治理结构与机制和公司财务绩效之间相关关系的中介变量的条件。因而，在上述通过实证研究分析了董事会治理结构与机制对企业投资和现金持有行为影响的基础上，我们更深入一步地把企业投资和现金持有行为

①　温忠麟（2004）将中介变量定义为：当分析自变量 X 对因变量 Y 的影响，如果 X 通过影响变量 M 来影响 Y，则称 M 为中介变量；关于中介变量的具体应用请参见温忠麟、张雷、侯杰泰、刘红云，中介效应检验程序及其应用，心理学报，2004，36（5）：614～620。

②　SCP 是"Structure（市场结构）– Conduct（市场行为）– Performance（市场绩效）"的简称，哈佛学派认为结构、行为、绩效之间存在着因果关系，即市场结构决定企业行为，企业行为决定市场运行的经济绩效，所以，为了获得理想的市场绩效，最重要的是通过公共政策来调整不合理的市场结构。现代主流产业组织理论中流行的SCP 范式是由 Scherer（1970）提出的，近年来崛起的新制度经济学派（Coase、North、、Williamson、Alchian 等）将该研究范式扩展到了企业内部，从企业（公司）内部产权结构和治理结构的变化来分析企业行为的变异及其对市场运作绩效的影响，因此，新制度经济学派有时也被称之为"后 SCP 流派"。

作为中介变量，检验其是否起到传导机制的作用。另外，根据相关理论分析，董事会治理结构与机制在企业投资和现金持有等财务行为与公司财务绩效的关系中起到一种调节作用，即董事会治理结构与机制可能影响到企业投资和现金持有等财务行为的结果，从而影响到公司绩效（图6.1）。也就是说，董事会治理结构与机制在企业投资和现金持有等财务行为与公司财务绩效的关系之间充当一个调节变量①。因此，后面的实证分析中我们在检验企业投资和现金持有行为的中介效应的同时，对董事会治理结构与机制的调节效应同时进行检验。

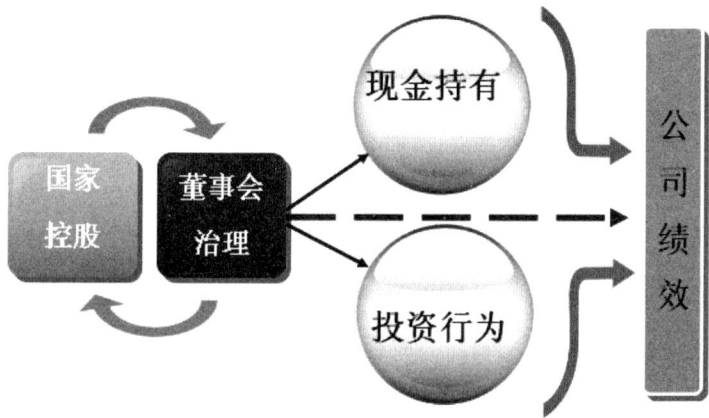

图6.1　董事会治理对公司绩效影响传导机制示意图

资料来源：作者整理

二、研究假设

为了进一步衡量董事会治理对公司绩效影响的传导机制，在前面对董事会治理与公司投资行为和现金持有行为分析的基础上，我们还需要验证董事

---

① 温忠麟（2004）将调节变量定义为：如果变量 Y 与变量 X 的关系是变量 M 的函数，则称 M 为调节变量；关于调节变量的具体应用请参见温忠麟、张雷、侯杰泰、刘红云，中介效应检验程序及其应用，心理学报，2004，36（5）：614～620。

会治理对公司绩效的影响，公司投资行为和现金持有行为对公司绩效的影响，以及公司投资行为、现金持有行为与董事会治理对公司绩效的共同作用。

（一）董事会治理对公司绩效的影响

董事会与公司绩效的关系是近年来公司治理领域实证研究的主流，欧美国家关于董事会治理与公司绩效实证研究的文献自 20 世纪 80 年代以来大量涌现。董事会领导结构与公司绩效的关系较早的引起了学者的关注，Fama and Jensen（1983）从董事长与 CEO 两职是否分任的角度对董事会领导结构与公司绩效的关系展开研究，认为两职分任有利于降低由于所有权和控制权分离而产生的代理成本，因此，有利于改善公司绩效，这一结论后来得到了 Rechner and Dalton（1991）、Pi and Timme（1993）等实证研究结果的支持；但是，Brickley（1997）等的实证研究并没有发现董事会领导结构与公司绩效的显著相关关系。Baysinger and Butler（1985）、Rosenstein and Wyatt（1990）等则从董事会独立性的角度研究董事会治理与公司绩效的关系，研究发现董事会独立性与公司绩效存在显著的正相关关系；Hermalin and Weisbach（1991）、Mehran（1995）、Klein（1998）、Bhagat and Black（2000）等研究发现董事会独立性与公司绩效不存在显著相关关系。代理理论、组织行为学团队理论、资源依赖理论认为，董事会规模是影响董事会效率的关键因素，Lipton and Lorsch（1992）、Jensen（1993）、Yemark（1996）等研究发现董事会人数在一定规模以上时与公司绩效存在负相关的关系。董事会会议频率与公司绩效的关系也一直是董事会研究的一个重要方面，Jensen（1993）认为，运行良好的公司，董事会会议频率不要太多，Vafeas（1999）通过对美国 307 家福布斯薪酬调查样本公司的实证研究发现，公司绩效与董事会会议次数呈现负相关的关系。除了上述研究外，国外其他一些学者还从董事会专业委员会、董事薪酬等角度对董事会与公司绩效的关系展开了实证研究，与上述各角度进行的研究类似，也没有得出完全一致的结论。

为了验证我国上市公司董事会的有效性，很多国内学者也利用实证研究的方法来分析董事会与公司绩效之间的关系。蒲自立和刘芍佳（2004）等从董事会领导结构的视角研究董事会与公司绩效的关系，发现两职分任的领导结构对公司绩效存在负的影响。对于董事会独立性与公司绩效的关系，吴淑焜（2004）等发现董事会独立性与公司绩效间存在显著的正相关关系；而孙永祥（2001）、王跃堂等（2006）则发现董事会独立性与公司绩效不存在显著相关性。对于董事会规模与公司绩效的关系，于东智（2004）、孙永祥（2001）等通过对中国上市公司的实证研究发现，二者之间不存在显著相关性。于东智（2001）等从董事会会议频率的角度对董事会与公司绩效的关系进行了研究，发现董事会会议频率对公司绩效产生正向的影响，并认为董事会会议是董事会有效运作的重要保证，公司董事会每年召开会议的次数可以看作是反映董事会活跃程度的一个重要变量。与国外研究文献的情况类似，国内对董事会与公司绩效的实证研究也没有得出完全一致的结论。

上述研究的一个共同点是都采用董事会治理的某一个属性作为解释变量与公司绩效开展实证研究，例如，董事会的两职兼任情况、董事会的人数等。事实上，董事会治理是董事会治理各属性综合作用的结果（Strenger，2004），董事会治理不仅仅是一个结构性变量，而且是一种机制，因此，董事会治理的个别属性不能替代董事会治理对公司绩效影响的综合效用，这也是以前的研究所忽视的一个问题。为了避免上述问题，白重恩等（2005）在研究公司治理结构与公司绩效的关系时，通过主元素分析法构建了一个反映上市公司综合治理水平的 G 指标，并作为公司治理的替代变量与公司绩效进行了实证研究，发现治理水平高的上市公司市场价值也高。李维安等（2005，2007）基于 2004 和 2005 年中国上市公司数据，用南开大学董事会治理指数作为衡量中国上市公司董事会治理水平的替代变量，对上市公司董事会治理与公司绩效之间的关系进行了实证研究。研究结果表明，中国上市公司董事会治理指数与公司绩效的改善之间存在显著相关关系，这种关系表现为董事会治理对公司绩效存在累积效应。基于上述研究，我们提出假设（1）。

假设（1）：中央企业控股上市公司董事会治理对公司绩效同样存在显著影响，即董事会治理状况越好的上市公司，公司绩效也表现较好。

（二）企业投资行为与现金持有行为对公司绩效的影响

企业投资行为是企业最重要的战略决策和财务行为，也是企业获取利润，实现股东财富最大化目标的主要途径，企业投资行为与衡量股东回报的公司绩效之间关系紧密。但是，企业投资行为对公司绩效存在正反两方面的影响：一方面，当企业投资水平适度，即将自有现金流投资于正 NPV 的项目时，这种影响是正向的，可以带来公司绩效的提高；另一方面，当企业将自有现金流投资于负 NPV 的项目时，企业投资行为对公司绩效的影响就是负面的，即企业过度投资行为会损害公司绩效。Jensen（1986）的自由现金流量假说指出，在信息不对称且拥有自由现金流量的情况下，经理人不是基于股东财富最大化的目标，将自由现金流量支付给股东，而于将其投资于能增加经理人私利但损害股东财富的项目上，造成过度投资。在我国，上市公司投资失误与过度投资行为更为严重，据世界银行统计，从"七五"到"九五"的 15 年间，我国投资决策失误率在 30% 左右，资金浪费及经济损失大约在4000 亿元至 5000 亿元；2004 年，10 家中央企业由于投资决策失误、管理不善所造成的经济损失就高达 145 亿元；从很多公司的年报中可以看到，不少上市公司的募集资金投资并不符合公司的长远利益，它们轻易地把资金投到自己根本不熟悉、与主业毫不相关的产业中，在项目环境发生变化后，又随意地变更投资方向（黄少安，张岗，2001），由此对公司财务绩效造成的负面影响则更为突出。基于此，我们提出假设（2）。

假设（2）：中央企业控股上市公司企业投资行为对公司绩效存在显著影响，具体表现为当企业投资水平较低时，随着投资水平的提高，会带来公司绩效的改善；但是，当企业产生过度投资时，投资水平的提高则会导致公司绩效的降低。

按照 Keynes（1936）企业持有现金的交易性动机和预防性动机理论，一方面，企业持有现金可以节省交易成本和避免流动性短缺；另一方面，企业持有现金可以预防未来的不时之需或抓住未来可能出现的有利投资机会，因此，出于交易性动机和预防性动机而保持一定的现金持有水平有利于企业的永续经营和公司绩效的持续改善。Opler 等（1999）认为，企业出于交易性和预防性动机而持有现金，但现金持有过多会产生机会成本，现金持有过少又会产生交易成本，这两种成本的权衡使得公司存在一个最优的现金持有量，超过这一最优现金持有量则会损害公司绩效，即现金持有价值为负（沈艺峰等，2007）。Jensen 和 Meckling（1976）认为，企业持有现金除了出于交易性动机和预防性动机外，还存在自利性动机，这是因为现金资产是一种更能被代理人自由处置和更易被侵占的资产，出于对营造企业帝国的追求也会激励着管理者倾向于持有更多的现金而不是将现金支付给投资者，这也有利于控股股东或者管理层侵犯中小股东利益。也就是说，因自利性动机而产生的超额现金持有对公司绩效存在负面的影响。基于此，我们提出假设（3）。

假设（3）：中央企业控股上市公司现金持有行为对公司绩效存在显著影响，具体表现为当现金持有水平较低时，随着现金持有水平的提高，会带来公司绩效的改善；但是，当企业产生超额现金持有时，现金持有水平的提高则会导致公司绩效的降低。

第二节　董事会治理对公司绩效影响的实证分析

一、实证模型和变量说明

（一）实证模型

基于上述对董事会治理与公司绩效影响的研究假设（1），我们分别选取 ROE 和 ROA 作为替代公司绩效的被解释变量，以董事会治理指数作为替代董事会治理整体状况的解释变量，并且综合考虑了企业资产规模、行业以及年度差异等对公司绩效的影响，建立如下实证研究模型①：

---

① 在实证模型中为了消除存在的异方差，模型中对被解释变量和主要的解释变量进行了对数化处理，由于被解释变量存在负值，简单得去掉负值可能会导致截段有偏，因此在对其进行对数化处理时我们采用了反双曲函数：$\sinh^{-1} x = \ln\left[x + (x_2 + 1)1/2\right]$，这样就解决了负值不能取对数的问题，同时也能达到一般对数化处理的目的；解释变量的对数化处理依然对其求自然对数（ln）。

$$Sinh^{-1}(ROE_i) = C + \alpha \times Ln(TA_i) + \beta \times CG_{bod} + \sum_{j=1}^{18} \gamma_j \times Indu_{ij}$$

$$+ \sum_{k=1}^{3} \delta_k \times Year_{ik} + \varepsilon_i \tag{1}$$

$$Sinh^{-1}(ROE_i) = C + \alpha \times Ln(TA_i) + \sum_{l=1}^{5} \beta_l \times CG_{bodil} + \sum_{j=1}^{18} \gamma_j \times Indu_{ij}$$

$$+ \sum_{k=1}^{3} \delta_k \times Year_{ik} + \varepsilon_i \tag{2}$$

为了更进一步探究董事会治理对公司绩效作用的机理，弄清楚董事权利与义务、董事会运作、董事会组织结构、董事薪酬和独立董事制度五个董事会治理分指数对公司绩效影响的差异以及各分指数在董事会治理对公司绩效整体影响中的贡献，建立了董事会治理分指数与公司绩效关系的实证模型：

$$Sinh^{-1}(ROE_i) = C + \alpha \times Ln(TA_i) + \sum_{l=1}^{5} \beta_l \times CG_{bodil} + \sum_{j=1}^{18} \gamma_j \times Indu_{ij}$$

$$+ \sum_{k=1}^{3} \delta_k \times Year_{ik} + \varepsilon_i \tag{3}$$

$$Sinh^{-1}(ROA_i) = C + \alpha \times Ln(TA_i) + \sum_{l=1}^{5} \beta_l \times CG_{bodil} + \sum_{j=1}^{18} \gamma_j \times Indu_{ij}$$

$$+ \sum_{k=1}^{3} \delta_k \times Year_{ik} + \varepsilon_i \tag{4}$$

（二）变量说明

在本章的实证分析中，公司绩效是最主要的被解释变量，公司绩效是指公司经营的业绩和效率，反映了公司的经营效果。国内学者在实证分析中对于公司绩效指标的选择多种多样，杜莹、刘立国（2002）使用总资产收益率、市净率和 Tobin Q 值；何旭、刘国成（2003）采用每股净利润、净资产收益率和主营业务利润率；王红妮（2004）使用年利润、销售增长率和每股经营活动净现金流量；王冰洁、弓宪文、李传昭（2005）用净资产收益率、加权每股收益和 Tobin Q；赵嘉佳、杨晓烨、陈璐（2006）用 CROA（核心资产收益率）等。其中，净资产收益率和总资产收益率是从企业盈利能力方面衡量公司绩效的重要财务指标，也是企业财务分析的最重要的一个方面，本文就选择这两个指标作为衡量中央企业控股上市公司绩效的替代变量。

净资产收益率（ROE）又称股东权益报酬率，是衡量上市公司盈利能力的重要指标，是指利润额与平均股东权益的比值，该指标越高，说明投资带来的收益越高；净资产利润率越低，说明企业所有者权益的获利能力越弱。由于净资产利润率是从所有者角度来考察企业盈利水平高低的，因此，该指标还不能全面反映企业的盈利能力。总资产收益率（ROA）则从所有者和债权人两方来共同考察整个企业盈利水平，是指企业净利润额与企业总资产的比值，总资产收益率指标可以分析企业盈利的稳定性和持久性，反映企业综合经营管理水平的高低。利用净资产收益率和总资产收益率两个指标能够更为全面地反映公司绩效状况。

从表6.1中央企业控股上市公司绩效水平的统计分析看，净资产收益率的平均值为0.0742，最小值为-5.0573，最大值为2.8784，说明不同公司之间盈利能力存在显著差异；总资产收益率的平均值为0.0357，最小值为-0.3691，最大值为0.3455，公司之间的差异也比较明显。从净资产收益率和总资产收益率二者的比较看，前者显著高于后者。进一步对中央企业直接控股上市公司和间接控股上市公司绩效的分类统计比较看，前者净资产收益率的平均值要高于后者，但后者总资产收益率的平均值要高于前者。

表6.1　中央企业控股上市公司绩效水平描述性统计

上市公司类型	样本数	统计特征属性	公司绩效指标	
			ROE	ROA
中央企业间接控股	460	平均值	0.0756	0.0342
		中位数	0.0737	0.0314
		标准差	0.3562	0.0640
		最小值	-5.0573	-0.3691
		最大值	2.8784	0.3455

续表

上市公司类型	样本数	统计特征属性	公司绩效指标	
			ROE	ROA
中央企业 直接控股	252	平均值	0.0717	0.0385
		中位数	0.0835	0.0310
		标准差	0.2458	0.0704
		最小值	−2.0308	−0.2760
		最大值	0.6268	0.2416
总计	712	平均值	0.0742	0.0357
		中位数	0.0757	0.0313
		标准差	0.3213	0.0663
		最小值	−5.0573	−0.3691
		最大值	2.8784	0.3455

资料来源：作者整理

为了进一步了解中央企业控股上市公司的绩效状况，我们对其进行了
分行业的统计分析（表6.2），统计结果表明，采掘业，交通运输、仓储
业，房地产业，批发和零售贸易业企业盈利状况较好，其净资产收益率和
总资产收益率均位居前五名，其中，采掘业净资产收益率和总资产收益率
平均值分别为0.2706和0.0985，均位居第一，显著高于中央企业控股上
市公司绩效的平均水平。而纺织、服装、皮毛行业，食品、饮料行业，电
子行业，农、林、牧、渔业企业盈利状况较差，其净资产收益率和总资产
收益率均低于平均水平，其中，纺织、服装、皮毛行业净资产收益率和总
资产收益率平均值分别为−0.5077和−0.0275，远远低于中央企业控股上
市公司绩效的平均水平。这说明，中央企业控股上市公司的财务绩效存在
显著的行业差异。

表6.2　中央企业控股上市公司绩效水平分行业描述性统计

行业	样本数	ROE		ROA	
		平均值	标准差	平均值	标准差
采掘业	19	0.2706	0.0987	0.0985	0.0469
电力、煤气及水的生产和供应业	58	0.1066	0.1042	0.0291	0.0397
电子	21	−0.0312	0.2651	−0.0012	0.0697
房地产业	11	0.1774	0.0572	0.0683	0.0182
纺织、服装、皮毛	19	−0.5077	1.2591	−0.0275	0.1193
机械、设备、仪表	187	0.0587	0.1906	0.0281	0.0664
建筑业	24	0.0902	0.1213	0.0294	0.0367
交通运输、仓储业	41	0.1586	0.2253	0.0932	0.0736
金属、非金属	56	0.1174	0.1842	0.0580	0.0741
农、林、牧、渔业	10	0.0131	0.0773	0.0061	0.0349
批发和零售贸易	24	0.1813	0.0867	0.0609	0.0405
社会服务业	13	0.0276	0.0772	0.0300	0.0506
石油、化学、塑胶、塑料	96	0.1408	0.3866	0.0244	0.0506
食品、饮料	20	−0.0879	0.3056	−0.0108	0.0869
信息技术业	68	0.0277	0.2827	0.0374	0.0579
医药、生物制品	25	0.1347	0.1000	0.0621	0.0583
造纸、印刷	4	0.0655	0.0235	0.0194	0.0077
其他制造业	12	0.0437	0.0662	0.0181	0.0444
综合类	4	0.2484	0.0866	0.0486	0.0263
合计	712	0.0742	0.3213	0.0357	0.0663

资料来源：作者整理

二、实证检验和结果分析

从表6.3中央企业控股上市公司董事会治理对公司绩效影响的回归结果看，模型（1）的回归结果显示，董事会治理指数对公司净资产收益率存在显著影响（显著性水平为5%），并且这种影响是正向的，即董事会治理水平越高，以净资产收益率衡量的公司绩效越好。模型（2）的回归结果显示，在衡量董事会治理状况的5个分指数中，董事权利与义务指数、董事会运作指数、董事会组织结构指数和董事薪酬指数对公司净资产收益率存在显著影响，显著性水平分别为10%、5%、1%和5%，而独立董事制度指数对公司绩效的影响则不显著。这说明，董事会治理对以净资产收益率衡量的公司绩效的影响主要通过董事更好地履行权利和义务、董事会的有效运作、董事会组织结构的建立与完善以及董事激励约束机制几个方面实现的。模型（1）、模型（2）的回归结果还显示了行业固定效应的存在。

模型（3）和模型（4）的被解释变量是总资产收益率，模型（3）的回归结果显示，董事会治理指数对公司总资产收益率存在显著影响（显著性水平为1%），并且这种影响是正向的，即董事会治理水平越高，以总资产收益率衡量的公司绩效越好。模型（4）的回归结果显示，在衡量董事会治理状况的五个分指数中，董事会运作指数、董事会组织结构指数和董事薪酬指数对公司总资产收益率存在显著影响，显著性水平分别为1%、1%和5%，而董事权利与义务指数和独立董事制度指数对公司绩效的影响则不显著。这说明，董事会治理对以总资产收益率衡量的公司绩效的影响主要通过董事会的有效运作、董事会组织结构的建立与完善以及董事激励约束机制几个方面实现的。模型（3）、模型（4）的回归结果不仅显示了行业固定效应的存在，而且还显示了年度固定效应的存在。

通过对上述董事会治理对公司绩效影响的实证模型回归结果的分析，我们可以认为，中央企业控股上市公司董事会治理对公司绩效存在显著的正向影响，即董事会治理水平越高，越有可能产生好的公司绩效。而且董事会治理对公司绩效的这种影响主要是通过董事会的有效运作、董事会组织结构的建立与完善以及董事激励约束机制三个方面的共同作用来实现的。另外，董事权利与义务的履行状况也对公司绩效存在一定的影响，但这种影响并不稳健；而独立董事制度状况对公司绩效的影响则并不显著。这说明，从对公司绩效的影响看，中央企业控股上市公司董事会治理在一定程度上是有效的，但是尚有部分董事会治理结构与机制并没有发挥作用。

表 6.3　中央企业控股上市公司董事会治理对公司绩效影响的回归结果

变量名	公司绩效指标			
	ROE		ROA	
	模型（1）	模型（2）	模型（3）	模型（4）
0.0154** (2.0960)	0.0136* (1.8406)	0.0076*** (3.6801)	0.0070*** (3.3513)	
Controltype	−0.0070 (−0.3765)	−0.039 (−0.2086)	−0.0004 (−0.0775)	0.0004 (0.0681)
CG_{bod}	0.0021** (2.4723)	—	0.0015*** (2.8883)	—
CG_{bod1}	—	0.0004* (1.9527)	—	0.0001 (0.3567)
CG_{bod2}	—	0.0007** (1.9900)	—	0.0001*** (3.6988)
CG_{bod3}	—	0.0011*** (2.7534)	—	0.0008*** (3.0594)
CG_{bod3}	—	0.0021** (2.3204)	—	0.0004** (2.1207)
CG_{bod4}	—	−0.0024 (−1.2145)	—	0.0000 (0.0014)
行业固定效应	Yes	Yes	Yes	Yes
年度固定效应	No	No	Yes	Yes
Adj R²	0.1327	0.1397	0.1731	0.1761
F-stat	5.7280***	5.2767***	7.4732	6.6284***
检验结果	显著	部分显著	显著	部分显著

注：＊＊＊、＊＊、＊分别代表显著性水平为 10%、5% 和 1%，括号内为 t 值

资料来源：作者整理

第三节 企业投资行为与现金持有行为对公司绩效的影响

按照上述假设（2）和假设（3），企业投资行为和现金持有行为作为企业最为重要的财务决策行为，将对公司绩效产生直接影响，为了验证上述假设是否适用于中央企业控股上市公司，我们建立实证分析模型并对回归结果进行分析。

一、实证模型

根据假设（2），企业投资水平对企业净资产收益率（总资产收益率）的影响呈现为先升后降的趋势，具体表现为当企业投资水平较低时，随着投资水平的提高，企业净资产收益率（总资产收益率）也会相应提高；但是，当企业产生过度投资时，投资水平的提高则会导致企业净资产收益率（总资产收益率）的降低。基于这一判断，我们建立模型（5）和（6）。

在模型（5）和（6）中，如果 $\Delta Invest$ 的回归系数 β 为显著正，$\Delta Invest^2$ 的回归系数 η 显著为负，则说明 $Sinh^{-1}(ROE)$ 或者 $Sinh^{-1}(ROA)$ 与 $\Delta Invest$ 之间存在"倒 U"形关系，即企业投资水平对企业净资产收益率（总资产收益率）的影响呈现为先升后降的趋势，从而假设（2）得到验证。

$$Sinh^{-1}(ROE_i) = C + \alpha \times Ln(TA_i) + \beta \times \Delta Invest_i + \eta \times \Delta Invest_i^2$$
$$+ \sum_{j=1}^{18} \gamma_j \times Indu_{ij} + \sum_{k=1}^{3} \delta_k \times Year_{ik} + \varepsilon_i \quad (5)$$

$$Sinh^{-1}(ROA_i) = C + \alpha \times Ln(TA_i) + \beta \times \Delta Invest_i + \eta \times \Delta Invest_i^2$$
$$+ \sum_{j=1}^{18} \gamma_j \times Indu_{ij} + \sum_{k=1}^{3} \delta_k \times Year_{ik} + \varepsilon_i \quad (6)$$

根据假设（3），企业现金持有水平对企业净资产收益率（总资产收益率）的影响呈现为先升后降的趋势，具体表现为当企业现金持有水平较低时，随着企业现金持有水平的提高，企业净资产收益率（总资产收益率）也会相应提高；但是，当企业产生超额现金持有时，企业现金持有水平的提高则会导致企业净资产收益率（总资产收益率）的降低。基于这一判断，我们建立模型（7）和（8）。

在模型（7）和（8）中，如果 $Incashold$ 的回归系数 β 为显著正，$Incashold^2$ 的回归系数 η 显著为负，则说明 $Sinh^{-1}(ROE)$ 或者 $Sinh^{-1}(ROA)$ 与 $Incashold$ 之间存在"倒 U"形关系，即企业现金持有水平对企业净资产收益率（总资产收益率）的影响呈现为先升后降的趋势，从而假设（3）得到验证。

$$Sinh^{-1}(ROE_i) = C + \alpha \times Ln(TA_i) + \beta \times Incashold + \eta \times Incashold^2$$
$$+ \sum_{j=1}^{18} \gamma_j \times Indu_{ij} + \sum_{k=1}^{3} \delta_k \times Year_{ik} + \varepsilon_i \qquad (7)$$

$$Sinh^{-1}(ROA_i) = C + \alpha \times Ln(TA_i) + \beta \times Incashold + \eta \times Incashold^2$$
$$+ \sum_{j=1}^{18} \gamma_j \times Indu_{ij} + \sum_{k=1}^{3} \delta_k \times Year_{ik} + \varepsilon_i \qquad (8)$$

二、实证检验和结果分析

从表 6.4 企业投资行为与现金持有行为对公司绩效影响的实证结果看，模型（5）的回归结果显示，$\Delta Invest$ 的回归系数显著为正（显著性水平为 1%），$\Delta Invest^2$ 的回归系数显著为负（显著性水平为 5%），这说明，$Sinh^{-1}(ROE)$ 与 $\Delta Invest$ 之间存在"倒 U"形关系；模型（6）的回归结果显示，$\Delta Invest$ 的回归系数显著为正（显著性水平为 1%），$\Delta Invest^2$ 的回归系数显著为负（显著性水平为 5%），这说明，$Sinh^{-1}(ROA)$ 与 $\Delta Invest$ 之间同样存在"倒 U"形关系。模型（5）和模型（6）的回归结果说明，企业投资水平对以净资产收益率衡量的公司绩效存在显著影响，具体表现为企业净资产收益率（总资产收益率）随着企业投资水平的提高呈现先升后降的趋势，从而假设（2）得以验证。

模型（7）的回归结果显示，$Incashold$ 的回归系数显著为正（显著性水平为 1%），$Incashold^2$ 的回归系数显著为负（显著性水平为 5%），这说明，$Sinh^{-1}(ROE)$ 与 $Incashold$ 之间存在"倒 U"形关系；模型（8）的回归结果显示，*Incashold* 的回归系数显著为正（显著性水平为1%），*Incashold*^{2} 的回归系数显著为负（显著性水平为5%），这说明，$Sinh^{-1}$（*ROA*）与 *Incashold* 之间同样存在"倒 U"形关系。模型（7）和模型（8）的回归结果说明，企业现金持有水平对以净资产收益率衡量的公司绩效存在显著影响，具体表现为企业净资产收益率（总资产收益率）随着企业现金持有水平的提高呈现先升后降的趋势，从而假设（3）得以验证。

表6.4　企业投资行为与现金持有行为对公司绩效影响的回归结果

变量名	公司绩效指标			
	$Sinh^{-1}$（*ROE*）		$Sinh^{-1}$（*ROA*）	
	模型（5）	模型（7）	模型（6）	模型（8）
LnTA	0.0130 * (1.8459)	0.0182 ** (2.5763)	0.0069 *** (3.5444)	0.0098 *** (4.9733)
Δ*Invest*	0.5003 *** (3.7942)	–	0.3007 *** (4.8794)	–
Δ*Invest*^{2}	− 0.0464 ** (− 2.2026)	–	− 0.2289 ** (− 2.3980)	–
Incashold	–	0.2775 *** (2.9646)	–	0.1544 *** (5.9281)
Incashold^2	–	− 0.0990 ** (− 2.0173)	–	− 0.2807 ** (− 2.2922)
行业固定效应	Yes	Yes	Yes	Yes
年度固定效应	No	No	Yes	Yes
Adj R^2	0.1486	0.1481	0.2202	0.2085
F-stat	6.3972 ***	6.8875 ***	9.3669 ***	8.8023 ***

注：＊＊＊、＊＊、＊分别代表显著性水平为10%、5%和1%，括号内为 t 值

资料来源：作者整理

从模型（5）（6）（7）（8）的回归结果看，中央企业控股上市公司企业投资水平和现金持有水平都对公司绩效存在显著影响，这种影响表现为随着企业投资水平或现金持有水平的提高，公司绩效也相应提高；当企业投资水平或现金持有水平达到较高比例，并产生过度投资或超额现金持有时，公司绩效则随之下降。这说明，中央企业控股上市公司企业投资水平或现金持有水平对公司绩效的影响具有两面性：一方面，适度的企业投资水平或现金持有水平有利于公司绩效的改善；另一方面，企业过度投资或超额现金持有则对公司绩效存在负面的影响。

第四节　董事会治理对公司绩效作用传导机制的实证分析

上述的实证分析结果显示，中央企业控股上市公司董事会治理对企业投资行为、现金持有行为和公司绩效存在显著的影响。根据上述的理论分析，我们可以初步判断，企业投资行为和现金持有行为对公司绩效的影响更为直接，董事会治理作为一种制度性安排，其对公司绩效的影响应该是通过对公司行为的影响而实现的。为此，我们对董事会治理、企业投资行为和现金持有行为对公司绩效的共同作用机制进行进一步的实证分析。

一、回归分析中的中介效应和调节效应

在实证研究的回归分析中，当研究自变量和因变量之间的关系时，经常会出现存在一个第三方变量对二者关系产生影响的情形，这一第三方变量就很可能是中介变量或调节变量，其对自变量与因变量之间关系的作用也相应的称之为中介效应和调节效应。

（一）中介变量与中介效应

假设存在三个变量 X、Y 和 M，其中，X 是自变量，Y 是因变量，M 是第

三方变量，如果在 X 对 Y 的作用机制中，X 是通过影响第三方变量 M，进而影响到 Y 的，则 M 称为 X 对 Y 影响的中介变量（图6.2）。其中，X 与 Y 之间存在显著相关关系，回归系数为 c；X 与 M 之间存在显著相关关系，回归系数为 a；M 与 Y 之间存在显著相关关系，回归系数为 b，这样 M 就满足了充当中介变量的条件。

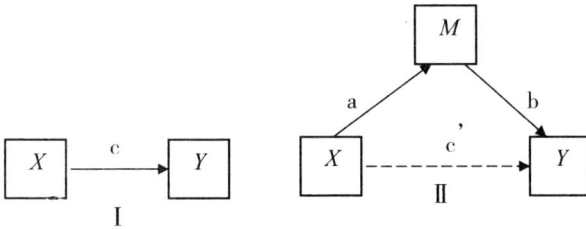

图6.2　中介变量示意图

资料来源：温忠麟、侯杰泰、张雷，调节效应和中介效应的比较和应用，心理学报，2005，37（2）

在回归分析中，进行中介效应检验时，最为重要的一点是选择合适的中介变量，我们称之为拟中介变量，这需要在相关理论分析的基础上做出，然后就是通过实证分析对是否存在中介效应做出判断。在进行中介效应分析时，首先需要判断自变量 X 和因变量 Y 之间是否存在显著相关关系，然后进一步判断自变量 X 与拟中介变量 M、拟中介变量 M 与因变量 Y 之间是否存在显著相关关系。在上述关系得到验证的基础上，通过实证分析进一步验证自变量 X 和拟中介变量 M 对因变量的共同作用，如果自变量 X 作用不显著，而拟中介变量 M 作用显著，则说明中介效应存在，即 M 在 X 与 Y 的关系中发挥中介效应，X 对 Y 的影响是通过 M 传递而实现的（图6.3）。

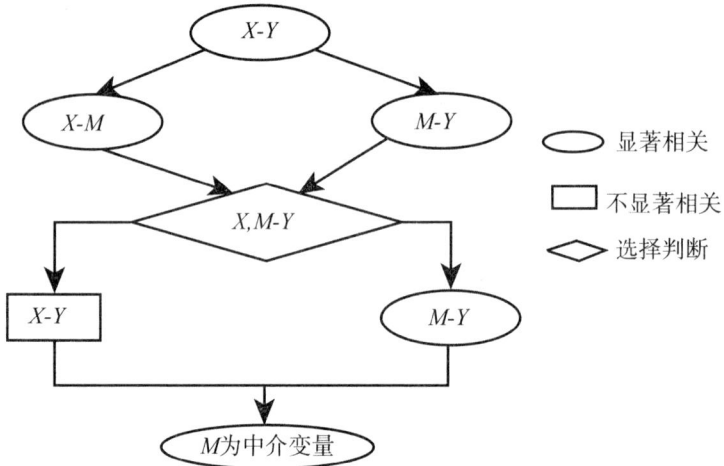

图6.3 中介效应实证检验示意图

资料来源：作者整理

（二）调节变量与调节效应

假设存在三个变量 X、Y 和 M，如果变量 Y 与变量 X 的关系是变量 M 的函数，即存在一个函数，则 M 称为 X 对 Y 影响的调节变量（图6.4）。调节变量可以是定性的，也可以是定量的，它可以影响自变量与因变量之间关系的方向和强弱。

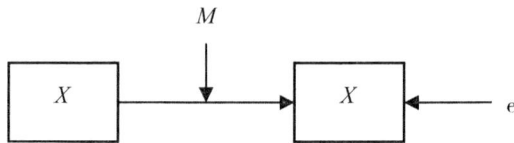

图6.4 调节变量示意图

资料来源：作者整理

我们把调节变量对自变量和因变量关系的作用称为调节效应，调节效应分析的第一个步骤同样是选择合适的调节变量，在选定调节变量后，在对其可能存在的调节效应进行实证检验。在实践中，最常用的调节模型如下所示：

$Y = aX + bM + cXM + e$ 其中，a、b 分别衡量自变量 X 和调节变量 M 对因

变量 *Y* 的单独影响，衡量了 *X*、*M* 对因变量 *Y* 的共同作用强弱，即调节效应的大小。

二、董事会治理对公司绩效作用传导机制的实证检验

基于对回归分析中调节变量和中介变量特征的分析，以及董事会治理指数变量和企业投资水平和现金持有水平变量对公司绩效的影响，并结合相关理论，我们可以做出两个判断：第一，董事会治理通过影响企业投资水平和现金持有水平，进而影响到公司绩效，即董事会治理对公司绩效的影响是通过企业投资水平和现金持有水平等财务决策行为因素传递过去的；第二，董事会治理有可能影响到企业投资水平和现金持有水平对公司绩效的作用程度，即在企业投资水平和现金持有水平下，良好的董事会治理能够提高公司财务行为对公司绩效的影响程度。也就是说，企业投资水平和现金持有水平在董事会治理与公司绩效的关系中可能发挥着中介作用，董事会治理在企业投资水平和现金持有水平与公司绩效的关系中可能发挥着调节作用。基于上述分析，我们提出假设（4）和假设（5）。

假设（4）：在中央企业控股上市公司董事会治理对公司绩效的影响机制中，企业投资水平和现金持有水平发挥着中介作用，董事会治理对公司绩效的影响通过企业投资和现金持有决策行为传递。

假设（5）：在中央企业控股上市公司企业投资水平和现金持有水平与公司绩效的关系中，董事会治理发挥着调节作用，即良好的董事会治理有助于强化企业投资和现金持有决策行为对公司绩效的影响。

基于假设（4）和假设（5），我们构造如下实证分析模型：

$$
\begin{aligned}
Sinh^{-1}(ROE_i) = {} & C + \alpha \times Ln(TA_i) + \beta_i \times \Delta Invest_i + \eta_i \times CG_{bod} \\
& + \varphi_i \times \Delta Invest_i \times CG_{bod} + \lambda_i \times \Delta Invest_i^2 \\
& + \sum_{j=1}^{18} \gamma_j \times Indu_{ij} + \sum_{k=1}^{3} \delta_k \times Year_{ik} + \varepsilon_i \qquad (9)
\end{aligned}
$$

$$
\begin{aligned}
Sinh^{-1}(ROA_i) = {} & C + \alpha \times Ln(TA_i) + \beta_i \times \Delta Invest_i + \eta_i \times CG_{bod} \\
& + \varphi_i \times \Delta Invest_i \times CG_{bod} + \lambda_i \times \Delta Invest_i^2
\end{aligned}
$$

$$+ \sum_{j=1}^{18} \gamma_j \times Indu_{ij} + \sum_{k=1}^{3} \delta_k \times Year_{ik} + \varepsilon_i \qquad (10)$$

$$Sinh^{-1}(ROE_i) = C + \alpha \times Ln(TA_i) + \beta_i \times Incashold_i + \eta_i \times CG_{bod}$$
$$+ \varphi_i \times Incashold \times CG_{bod} + \lambda_i \times Incashold_i^2$$
$$+ \sum_{j=1}^{18} \gamma_j \times Indu_{ij} + \sum_{k=1}^{3} \delta_k \times Year_{ik} + \varepsilon_i \qquad (11)$$

$$Sinh^{-1}(ROA_i) = C + \alpha \times Ln(TA_i) + \beta_i \times Incashold_i + \eta_i \times CG_{bod}$$
$$+ \varphi_i \times Incashold \times CG_{bod} + \lambda_i \times Incashold_i^2$$
$$+ \sum_{j=1}^{18} \gamma_j \times Indu_{ij} + \sum_{k=1}^{3} \delta_k \times Year_{ik} + \varepsilon_i \qquad (11)(12)$$

其中，模型（9）和模型（10）对企业投资行为的中介效应和董事会治理对企业投资行为与公司绩效关系的调节效应进行检验，如果自变量 CG_{bod} 系数 η、$\Delta Invest$ 与 CG_{bod} 交乘项系数 φ 不显著，$\Delta Invest$ 系数 β 显著，则说明 $\Delta Invest$ 存在中介效应；如果 $\Delta Invest$ 与 CG_{bod} 交乘项系数 φ 显著，则说明 CG_{bod} 存在调节效应。模型（11）和模型（12）对企业现金持有行为的中介效应和董事会治理对企业现金持有行为与公司绩效关系的调节效应进行检验，同样，如果自变量 CG_{bod} 系数 η、$Incashold$ 与 CG_{bod} 交乘项系数 φ 不显著，$Incashold$ 系数 β 显著，则说明 $Incashold$ 存在中介效应；如果 $Incashold$ 与 CG_{bod} 交乘项系数 φ 显著，则说明 CG_{bod} 存在调节效应。

三、实证检验和结果分析

从表6.5董事会治理对公司绩效影响传导机制检验的回归结果看，模型（9）的回归结果显示，当选取 ROE 作为被解释变量，董事会治理指数、企业过度投资水平以及二者的交乘项作为主要的解释因素时，董事会治理对公司绩效的影响不再显著，而企业投资水平对公司绩效的影响依然显著，$\Delta Invest$ 的显著性水平为5%，$\Delta Invest^2$ 的显著性水平为10%，即这种影响依然呈现"倒U"形的趋势；但是检验是否存在调节效应的董事会治理指数与企业投资水平的交乘项 $CG_{bod} \times \Delta Invest$ 并不显著，这说明，在董事会治理对以 ROE 衡量的公司绩效的影响过程中，企业投资决策行为发挥了显著的中介效应，但调节效应不显著，即董事会治理对公司绩效的影响通过企业投资决策行为实现了传递。模型（10）的回归结果显示，当选取 ROA 作为被解释变量，董事会治理指数、企业过度投资水平以及二者的交乘项作为主要的解释因素时，董事会治理对公司绩效的影响同样不再显著，而企业投资水平对公司绩效的影响依然显著，$\Delta Invest$ 的显著性水平为 5%，$\Delta Invest^2$ 的显著性水平为 1%，即这种影响也是保持了"倒 U"形的趋势；检验是否存在调节效应的董事会治理指数与企业投资水平的交乘项 $CG_{bod} \times \Delta Invest$ 同样也不显著，这说明，在董事会治理对 ROA 以衡量的公司绩效的影响过程中，企业投资决策行为发挥了显著的中介效应，但调节效应不显著，即董事会治理对公司绩效的影响通过企业投资决策行为实现了传递。

模型（11）的回归结果显示，当选取 ROE 作为被解释变量，董事会治理指数、企业现金持有水平以及二者的交乘项作为主要的解释因素时，董事会治理指数 CG_{bod} 对以 ROE 衡量的公司绩效的影响依然显著，显著性水平为 10%；而企业现金持有水平对公司绩效也存在显著影响，$Incashold$ 的显著性水平为 5%，$Incashold^2$ 的显著性水平为 1%，即这种影响也呈现出"倒 U"形的趋势；另外，检验是否存在调节效应的董事会治理指数与企业现金持有水平的交乘项 $CG_{bod} \times Incashold$ 对 ROE 也存在显著影响（显著性水平为 10%），这说明，在企业现金持有行为对 ROE 以衡量的公司绩效的影响过程中，董事会治理发挥了调节作用，即董事会治理有利于增强企业现金持有行为对公司绩效的影响。模型（12）的回归结果显示，当选取 ROA 作为被解释变量，董事会治理指数、企业现金持有水平以及二者的交乘项作为主要的解释因素时，董事会治理指数 CG_{bod} 对以 ROA 衡量的公司绩效的影响依然显著，显著性水平为 10%；而企业现金持有水平对公司绩效也存在显著影响，$Incashold$ 的显著性水平为 10%，$Incashold^2$ 的显著性水平为 5%，即这种影响也呈现出"倒 U"形的趋势；另外，检验是否存在调节效应的董事会治理指数与企业现金持有水平的交乘项 $CG_{bod} \times Incashold$ 对 ROA 也存在显著影响（显著性水平为 5%），这说明，在企业现金持有行为对以 ROA 衡量的公司绩效的影响过程中，董事会治理发挥了调节作用，即董事会治理有利于增强企业现金持有行为对公司绩效的影响。

表 6.5　董事会治理对公司绩效影响传导机制检验的回归结果

变量名	公司绩效指标			
	ROE		*ROA*	
	模型（9）	模型（11）	模型（10）	模型（12）
LnTA	0.0121 * （1.6909）	0.0174 ** （2.4138）	0.0061 *** （3.1278）	0.0090 *** （4.5361）
CG_{bod}	0.0026 （0.9433）	0.0007 * （1.8010）	0.0023 （1.1517）	0.0011 * （1.9410）
$\Delta Invest$	3.3526 ** （2.5249）	－	2.1172 ** （2.1966）	－
$\Delta Invest^2$	－16.9973 * （－1.7655）	－	－7.4609 *** （－3.0425）	－
$CG_{bod} \times \Delta Invest$	－0.0491 （－0.7926）	－	－0.0322 （－1.5798）	－
Incashold	－	0.6700 ** （2.3687）	－	0.4919 * （1.6601）
Incashold^2	－	－5.7466 *** （2.8452）	－	－1.5116 ** （－2.2976）
$CG_{bod} \times Incashold$	－	0.0078 * （1.9367）	－	0.0062 ** （2.0031）
行业固定效应	Yes	Yes	Yes	Yes
年度固定效应	No	No	Yes	Yes
Adj R^2	0.1463		0.2283	0.2150
F-stat	5.5143 ***		8.7925 ***	8.4895 ***
检验结果	中介效应	调节效应	中介效应	调节效应

注：＊＊＊、＊＊、＊分别代表显著性水平为10%、5%和1%，括号内为 t 值

资料来源：作者整理

从模型（9）（10）（11）（12）的回归结果看，对中央企业控股上市公司企业投资水平和现金持有水平在董事会治理对公司绩效影响过程中所发挥的中介效应以及董事会治理在企业投资水平和现金持有水平对公司绩效影响过程中所发挥的调节效应的实证检验说明，当董事会治理与企业投资水平共同作用于公司绩效时，更多地表现为企业投资决策行为的中介效应；而当董事会治理与现金持有水平共同作用于公司绩效时，更多地表现为董事会治理的调节效应。也就说，一方面，董事会治理对公司绩效的一部分影响是通过公司投资行为传递过去的；另一方面，董事会治理还会通过影响现金持有行为对公司绩效影响的强度而发挥作用。

小　结

董事会治理对投资和现金持有行为的影响是检验董事会治理有效性的直接证据，而这种影响能否进一步传递到公司绩效或者董事会治理能否进一步对公司财务行为与公司绩效的关系产生显著影响则是董事会治理有效性检验的重要间接证据。基于此，本章对企业投资行为和现金持有行为在董事会治理与公司绩效之间可能存在的中介效应，以及董事会治理在企业投资行为和现金持有行为与公司绩效之间可能存在的调节效应进行实证检验和分析。

通过对中央企业控股上市公司董事会治理对公司绩效影响的实证分析，可以发现董事会治理对公司绩效存在显著的正向影响，这种影响主要是通过董事会的有效运作、董事会组织结构的建立与完善以及董事激励约束机制三个方面的共同作用来实现的。通过中央企业控股上市公司企业投资水平和现金持有水平对公司绩效影响的实证研究，发现上市公司企业投资水平和现金持有水平与公司绩效之间存在"倒U"形的关系；表现为随着企业投资水平或现金持有水平的提高，公司绩效也相应提高，当企业投资水平或现金持有水平达到较高比例，并产生过度投资或超额现金持有时，公司绩效则随之下降。更进一步的实证检验证明，企业投资行为在董事会治理对公司绩效产生作用的过程中发挥了显著的中介效应，即董事会治理对公司绩效的影响通过企业投资行为实现了传递；同时，董事会治理在现金持有行为对公司绩效的作用过程中发挥了调节作用，即董事会治理提高了现金持有行为对公司绩效的作用强度。

第七章

结论与研究展望

一、研究结论

公司治理的环境依赖性决定了中国公司治理研究的重心必然围绕国有企业公司治理问题展开，这同时也成为全球公司治理研究的重要组成部分。中央企业控股上市公司作为国有企业的一种特殊类型，在中国资本市场和整个国民经济体系中具有不可替代的战略地位，直接影响着国有经济的活力和控制力。但是，中央企业控股上市公司与一般国有控股上市公司相比存在诸多特殊性（包括历史背景的差异、终极控制人的国家属性、政府的多重监管等），使得中央企业控股上市公司治理具有与一般国有企业公司治理相区别的典型特征，集中表现为政府过度干预与控制、内部人治理外部化等行政型治理的倾向更为明显。中央企业控股上市公司的行政型治理倾向势必会对经济型治理结构与机制的有效性产生影响，在一定的范围内，行政型治理与经济型治理的作用机制表现为竞相扩展治理边界的替代效应，当行政型治理或经济型治理过度时，二者之间的作用机制又可能表现为相互融合的互补效应。

论文的主体内容就是基于行政型治理与经济型治理并存的制度背景，对中央企业控股上市公司治理状况进行总体分析，并对董事会治理整体以及结构与机制属性的有效性进行实证检验，进而得出以下基本结论：

1. 基于董事会治理指数的分析，可以发现中央企业控股上市公司董事会治理总体状况同样呈现逐年改善的趋势；在反映董事会治理状况的五个维度中，董事会权利与义务履行、董事会组织结构建设和董事薪酬激励状况也呈现出逐年改善的趋势，董事会运作情况和独立董事制度并没有表现出明显的改善。这说明，随着我国资本市场的发展和国有企业改革的推进，中央企业控股上市公司治理结构与机制正在逐步建立和健全，公司治理不断得到优化。

2. 基于中央企业控股上市公司投资行为的实证分析发现，中央企业控股上市公司存在过度投资行为，董事会治理能够有效抑制过度投资行为的发生；进一步的分析发现，董事会运作、董事会组织结构、独立董事制度在抑制过度投资行为方面作用明显。具体到董事会治理特征属性，董事会会议次数、董事会规模、董事会审计委员会设置、董事会战略委员会设置、持有公司股票的董事比例、在上市公司领取薪酬的董事比例和独立董事比例等董事会治理结构和机制有利于董事会更好地履行投资决策的相关职能，抑制过度投资行为，提高企业投资决策效率。但是，对于中央企业直接控股的上市公司而言，董事薪酬机制对过度投资行为的抑制作用并不显著，这可能与在这类上市公司中董事薪酬主要由作为控股股东的中央企业而非市场主导，并且董事更关心由政府主导的行政职务晋升等非薪酬性激励因素有关。实证结论对董事会治理的整体有效性，以及董事会治理结构与机制特征属性的局部有效性提供了直接的经验证据。

3. 基于中央企业控股上市公司现金持有行为的实证分析发现，中央企业控股上市公司董事会治理整体状况对企业现金持有行为存在显著影响，董事会治理整体水平越高，企业现金持有水平相应越低，超额现金持有水平也相应较低，即董事会治理在一定程度上抑制了企业的超额现金持有。进一步地分析发现，董事会运作、董事会组织结构和独立董事制度能显著影响企业现金持有行为，有效抑制超额现金持有。具体到董事会治理特征属性，董事会规模、董事会审计委员会设置、董事会战略委员会设置和独立董事比例这几种董事会治理因素对企业现金持有行为影响显著，能够有效抑制企业的超额现金持有行为。实证结论同样对董事会治理的整体有效性，以及董事会治理结构与机制特征属性的局部有效性提供了直接的经验证据。

4. 通过对企业投资行为和现金持有行为在董事会治理与公司绩效之间可能存在的中介效应，以及董事会治理在企业投资行为和现金持有行为与公司绩效之间可能存在的调节效应的实证检验和分析，可以发现企业投资行为在董事会治理对公司绩效产生作用的过程中发挥了显著的中介效应，即董事会治理对公司绩效的影响通过企业投资行为实现了传递；同时，董事会治理在现金持有行为对公司绩效的作用过程中发挥了调节作用，即董事会治理提高了现金持有行为对公司绩效的作用强度。这在一定程度上，为中央企业控股上市公司董事会治理的有效性提供了间接的经验证据。

5. 综合本文的实证研究结论，可以进一步做出推断：中央企业控股上市公司董事会治理在整体上是有效的，这表现为良好的董事会治理有助于董事会履行财务决策职能，采取适当的财务行为，改善公司绩效。另一方面，受行政型治理影响，部分能董事会治理结构和机制不能有效发挥作用，这是行政型治理对经济型治理替代作用在中央企业控股上市公司董事会治理方面的具体体现，这也在一定程度上为经济型治理和行政型治理替代关系的研究提供了间接的经验数据。

二、研究展望

在经济全球化背景下，公司治理模式的趋同使得董事会治理在公司治理体系中的核心地位进一步增强（Coffee, 1999），但是，公司治理作为一种契约制度不是绝对的（Dixit, 2003），各个国家法律传统和制度环境的差异必然影响着董事会治理的效用，这也正是董事会治理有效性问题引起关注的主要原因。受我国法律体制、融资模式和文化因素的影响，加之中央企业历史背景和发展演进的特殊性，中央企业控股上市公司董事会治理是否有效更是成为我国国有企业公司治理研究领域的一个核心问题。但是，董事会治理有效性的研究是一个复杂的系统问题，影响因素众多，加上中央企业控股上市公司的特殊性因素，决定了本文基于公司财务行为视角的理论分析和实证研究仅仅是中央企业控股上市公司董事会治理有效性研究的一个方面，尚存在诸多遗漏和不足。要揭示中央企业控股上市公司董事会治理的作用机理，提供更为准确可靠的支持性结论还需要进一步更为系统的后续研究。

基于本文的研究结论，结合当前的宏观经济环境和中央企业改革的方向，本文的后续研究可以得到以下几个方面的启示：

（一）中央企业控股上市公司治理研究将更具现实意义

中央企业控股上市公司董事会治理有效性研究显然不是一个单纯的理论性问题，而是源于该研究在中国制度背景下的重大现实意义。国务院《关于推进国有资本调整和国有企业重组的指导意见》（简称意见）进一步明确了中央企业改革的方向，即"大力推进改制上市，提高上市公司质量。积极支持资产或主营业务资产优良的企业实现整体上市，鼓励已经上市的国有控股公司通过增资扩股、收购资产等方式，把主营业务资产全部注入上市公司。"这意味着中央企业控股上市公司在整个国有经济体系和我国资本市场中所占的比重将进一步提高，中央企业控股上市公司治理研究的重大现实意义也就更为凸显。因此，中央企业控股上市公司治理研究将成为我国公司治理研究的一个重要组成部分，也是我国公司治理研究特殊性的体现。

（二）行政型治理和经济型治理的关系需要深入分析

中央企业上市公司治理最为典型的一个特征就是行政型治理过度的倾向，其背后所潜伏的前提假设是行政型治理对经济型治理模式发挥效用存在负面的影响，这在一定范围内是适用的。然而，对中国连续三十年的经济持续增长之谜的求解（Braendle 等，2005）以及美国金融危机爆发后的国有化趋势使得人们开始对纯粹的经济型治理模式可能存在的缺陷进行反思（Donnelly，2008）。Stigliz（2008）认为，这次金融危机对市场原教旨主义（Market Fundamentalism）所坚持的信条给予了重大冲击，国家所有已经成为解决当前公司经济危机的一个最现实的路径。在这种背景下，国家干预势必要对传统的经济治理模式产生影响。而中国持续三十年的经济增长则在一定程度上说明，国家所有制下的治理模式是相对有效的。为此，对行政型治理与经济型治理关系的研究需要纳入一个新的理论分析框架，其中很重要的一点就是要明确经济型治理与行政型治理之间的治理边界，这也是我国国有企业公司治理研究领域中的一个重要的理论问题。

（三）基于行为视角的公司治理有效性研究有待进一步完善

传统的公司治理研究遵循契约（激励）理论来安排公司治理结构，通过假设"资本市场是有效率的"和"各行为主体是完全理性的"，进而通过契约设计来实现各利益主体之间的激励相容。这种基于传统理性经济学的研究范式存在一定的缺陷，它不能解释人们在不确定条件下进行决策时表现出大量偏离理性决策模式的认知偏差与心理范式，如非贝叶斯法则、代表性特征推断以及框架效应、过度自信、心理账户、从众心理等现象（Hendrikse，Smit，2007）。而行为经济和行为金融等学科的发展恰恰为公司治理研究提供了一个新颖的视角，Shleifer（2001）认为，行为公司金融研究一个重要方面就是公司治理对管理者非理性条件下的公司财务行为的影响。本文对中央企业控股上市公司董事会治理有效性的研究正是从公司财务行为的视角展开的，但是本文的研究主要局限于实证分析的层次，没有构建适于中央企业控股上市公司财务行为分析的综合理论模型，甚至忽略了对公司财务行为存在影响的一些重要条件，因此，基于公司财务行为视角对中央企业控股上市公司董事会治理有效性的研究还需要进一步深入和扩展。

（四）国有企业党组织与公司法人治理结构的有机融合有待深化

习近平总书记在全国国有企业党的建设工作会议上强调，坚持党对国有企业的领导是重大政治原则，必须一以贯之；建立现代企业制度是国有企业改革的方向，也必须一以贯之。两个"一以贯之"，是习近平总书记对新形势下加强国企党建工作的重要论断和明确要求，也为进一步完善国有企业法人治理结构指明了方向。要坚持党对国有企业的领导，明确国有企业党组织在公司法人治理结构中的法定地位，这是我国国有企业公司治理研究的前提条件，离开这个前提条件，国有企业公司治理的研究实践都会严重偏离正确的轨道，公司治理的有效性也就无法保障。因此，要回应国有企业公司治理的现实需求，从制度创新的视角研究如何构建党组织作为重要治理主体的中国特色国有企业公司治理模式，确保党组织按照党章规定履行职责，在公司章程中明确党组织的地位和作用，实现国有企业党组织与公司法人治理结构的有机融合，确保党的领导落实到国有企业改革发展全过程。

（五）需要建立中央企业控股上市公司董事会治理有效性评价系统

显然，仅仅从公司财务行为视角对中央企业控股上市董事会治理有效性的研究尚不能完全揭示在行政型治理与经济型治理共存的制度框架下董事会治理结构与机制的作用机理，以及哪些制度设计和安排是有效的。对董事会治理有效性的研究需要从多个角度进行探索，抓住其中最为核心的要素，构建中央企业控股上市公司董事会治理有效性评价系统，显然这种研究需要在融合多个学科知识和多种研究方法的基础上展开。对董事会治理有效性评价系统的研究既有利于整合相关的理论研究，也能够为董事会治理的进一步完善提供更为充实的经验证据和理论指导。

总的来看，对中国公司治理问题的研究就像其他领域对涉及中国问题研究的态度一样，既不能简单地划归新兴经济国家，也不适于划归转轨经济国家，这是因为中国有着自己独特的制度背景（Qian，2000）。中央企业控股上市公司的大量存在是我国公司治理研究最为典型的特殊问题，随着我国国有企业改革的推进和公司治理研究的深入，对中央企业控股上市公司治理的研究也将会随之不断发展和完善，从而进一步丰富基于中国制度背景的公司治理理论研究，进而更好地指导中央企业控股上市公司治理实践。

参考文献

一、中文文献

［1］白重恩，刘俏，陆洲等．中国上市公司治理结构的实证研究．经济研究，2005 年第 2 期

［2］曹凤岐，杨军．上市公司董事会治理研究——九论社会主义条件下的股份制度．北京大学学报（哲学社会科学版），2004 年第 3 期

［3］陈湘永，张剑文，张伟文．我国上市公司"内部人控制"研究．管理世界，2000 年第 4 期

［4］陈晓，王琨．关联交易、公司治理与国有股改革．经济研究，2005 年第 4 期

［5］陈璇，李仕明、祝小宁．国有控股、公司绩效与总经理变更：政府控制权的差异．系统工程理论方法应用，2006 年第 5 期

［6］崔学刚．董事会治理效率：成因与特征研究——来自中国上市公司的数据．财贸研究，2004 年第 2 期

［7］高明华，马守莉．独立董事制度与公司绩效关系的实证分析——兼论中国独立董事有效行权的制度环境．南开经济研究，2002 年第 2 期

［8］谷书堂，李维安，高明华．中国上市公司内部治理的实证分析——中国上市公司内部治理问卷调查报告．管理世界，1999 年第 6 期

［9］何浚．上市公司治理结构的实证分析．经济研究．1998 第 5 期

［10］黄少安．也谈国有股权的管理范围．经济研究，1993 年第 11 期

[11] 黄诗华.“一股独大”的悖论及其解读.现代经济探讨,2002年第6期

[12] 李仕明,唐小我.企业所有权安排的分析和思考.管理科学学报,1998年第4期

[13] 李维安,姜涛.公司治理与企业过度投资行为研究——来自中国上市公司的数据.财贸经济,2007年第12期

[14] 李维安,孙文.董事会治理对公司绩效累积效应的实证研究,中国工业经济,2007年第12期

[15] 李维安.公司治理.天津:南开大学出版社,2001

[16] 李维安.股份制的安定性研究.西安:陕西人民出版社,1995

[17] 李维安.现代公司治理研究——资本结构、公司治理和国有企业股份制改造.北京:中国人民大学出版社,2003

[18] 李维安.演进中的中国公司治理:从行政型治理到经济型治理.南开管理评论,2009年第1期

[19] 李增泉.国家控股与公司治理有效性:一项基于中国证券市场的实证研究.北京:经济科学出版社,2005

[20] 林毅夫.政策性负担、道德风险与预算软约束.经济研究,2004年第2期

[21] 刘国光.中国国有制经济改革的探索.中国经济体制改革,1990年第11期

[22] 刘世锦.经济体制组织选择与国有企业制度改革.经济研究,1992年第4期

[23] 罗党论,唐清泉.政府控制、银企关系与企业担保行为研究.金融研究,2007年第3期

[24] 罗仲伟.国企改革热点问题研究之新进展.北京日报,2008年11月12日

[25] 聂祥海,姜秀华,杜瑄君等.一股独大的悖论:中国证券市场的经验证据.中国工业经济,2003年第7期

［26］青木昌彦，钱颖一．转轨经济中的公司治理结构．北京：中国经济出版社，1995

［27］荣兆梓，陈文府．"国有企业改革与制度演化研讨会"综述．经济研究，2005年第9期

［28］上海证券交易所研究中心．中国公司治理报告．上海：复旦大学出版社，2006

［29］沈艺峰，张俊生．ST公司总经理离职情况的实证研究．证券市场导报，2001年第9期

［30］施东晖．股权结构，公司治理与绩效表现．世界经济，2000年第12期

［31］斯道延·坦尼夫（张军扩等译）．中国的公司治理与企业改革．北京：中国财政经济出版社，2002

［32］孙文．公司治理与和谐社会建设：基于利益相关者视角．经济体制改革，2008年第2期

［33］孙永祥，黄祖辉，上市公司的股权结构与绩效，经济研究，1999年第12期

［34］孙永祥．章融，董事会规模、公司治理与绩效．企业经济，2000年第10期

［35］孙铮、刘凤委、李增泉．市场化程度、政府干预与企业债务期限结构．经济研究，2005年第5期

［36］唐任伍、倪馨、向守方．中国股票市场政府与上市公司行为博弈．北京师范大学学报（社会科学版），2007年第5期

［37］田利辉，国有股权对上市公司绩效影响的U型曲线和政府股东两手论，经济研究，2005年第10期

［38］王红领．委托人"政府化"与"非政府化"对企业治理结构的影响．经济研究，2000年第5期

［39］吴敬琏．现代公司与企业改革．天津：天津人民出版社，1994

［40］吴淑琨．股权结构与公司绩效的U型关系研究——1997～2000

年上市公司的实证研究．中国工业经济，2002 年第 1 期

[41] 夏立军，方轶强．政府控制、治理环境与公司价值．经济研究，2005 年第 5 期

[42] 辛清泉、林斌、王彦超．政府控制、经理薪酬与资本投资．经济研究，2007 年第 8 期

[43] 徐德信．政府经济学基础．北京：北京大学出版社，2005

[44] 徐向艺，王俊韡．股权结构与公司治理绩效实证分析．中国工业经济，2005 年第 6 期

[45] 颜旭若．对"一股独大"的经济学思考．经济社会体制比较，2003 年第 3 期

[46] 杨利．我国国企公司治理结构中"内部人控制"研究综述．现代管理科学，2003 年第 10 期

[47] 于东智，董事会行为、治理效率与公司绩效——基于中国上市公司的实证分析，管理世界，2001 年第 2 期

[48] 禹来．国有企业的外部人控制问题．管理世界，2002 年第 2 期

[49] 曾庆生，陈信元．国家控股、超额雇员与劳动力成本．经济研究，2006 年第 5 期

[50] 张春霖．国有经济布局调整的若干理论和政策问题．经济研究，1999 年第 8 期

[51] 张维迎．企业理论与中国企业改革．北京：北京大学出版社，1999

[52] 郑红亮．公司治理理论与国有企业改革．经济研究，1998 年第 10 期

[53] 郑江淮．国有资产结构性调整与公司治理范式变迁．经济研究，2002 年第 11 期

[54] 郑文坚．上市公司董事会规模、独立性与公司绩效关系的实证分析．引进与咨询，2004 年第 8 期

[55] 周其仁．公有企业的性质．经济研究，2000 年第 11 期

［56］周叔莲，黄速建．国有制走到尽头了吗：从世界范围看国有经济的发展、改革和管理．中国工业经济，1990 年第 1 期

二、外文文献

［1］李维安．計画経済の企業統治制度に関する考察：比較企業統治制度論の視点から．「三田商学研究」（日），1996，Vol. 39（2）

［2］李维安．市場経済移行期のガバナンス制度．「世界経済評論」（日），1996 年 06 月号

［3］Abbott, A. From causes to events: notes on narrative positivism. Sociological Methods and Research, 1996, Vol. 20, pp. 428 – 55

［4］AdmatiAnat, Paul Pfleiderer and Josef Zechner. Large Shareholder Activism, Risk Sharing and Financial Markets Equilibrium. Journal of Political Economy, 1994, Vol. 102, pp. 1097 – 1130

［5］Agrawal, Knoeber. Firm Performance and Mechanisms to Control Agency Problems between Managers and Shareholders. Journal of Financial and Quantitative Analysis, 1996, Vol. 31, pp. 377 – 398

［6］Alchain A. Some Economics of Property Rights. Politico, 1965, Vol. 30（4）. pp. 816 – 829

［7］Allen, Franklin & Qian, Jun & Qian, et al. Law, finance, and economic growth in China. Journal of Financial Economics, 2005, Vol. 77（1）, pp. 57 – 116

［8］Amason, A. Distinguishing the effects of functional and dysfunctional conflict on strategic decision making: resolving a paradox for top management teams. Academy of Management Journal, 1996, Vol. 39（1）, pp. 123 – 48

［9］Anderson and Fraser. Corporate control, bank risk taking, and the health of the banking industry. Journal of Banking and Finance, Vol. 24, pp. 1383 – 1398

［10］Andrews, K. R. Corporate strategy as a vital function of the board. Harvard Business Review, 1981, Vol. 59 (6), pp. 174 – 84

[11] Anete Pajuste. Corporate governance and stock market performance in Central and Eastern Europe. Stockholm School of Economics working paper, 2002

[12] Ansoff, H. I. The emerging paradigm of strategic behavior. Strategic Management Journal, 1987, Vol. 8, pp. 501 – 15

[13] Baysinger, B. , Hoskisson, R. The composition of boards of directors and strategic control: effects on corporate strategy. Academy of Management Review, 2001, Vol. 15 (1), pp. 72 – 87

[14] Baysinger, Butler. Corporate governance and the board of directors: value effects of changes in board composition. Journal of Law, Economics and Organization, 1985, Vol. 1, pp. 101 – 124

[15] Becht, Roell A. Blockholding in Europe: an international comparison. European Economic Review, 1999, Vol. 43, pp. 1049 – 56

[16] Becker, Cronqvist, Henrik, et al. Estimating the Effects of Large Shareholders Using a Geographic Instrument. Fisher College of Business Working Paper, 2008, No. 2008 – 03 – 008

[17] Berkman, Henk, Cole, et al. Improving corporate governance where the State is the controlling block holder: Evidence from China. MRPA Working Paper, 2007

[18] Berle and Means. Modern Corporation and Private Property. New York: Macmillan, 1932

[19] Bernard Black. The corporate governance behavior and market value of Russian firms. Emerging Markets Review, 2001, vol. 2 (2), pp. 89 – 108

[20] Bhagat, Black. Do Independent Directors Matter? . Columbia University Working paper, 1996

[21] Blair, Margaret. Ownership and Control: Rethinking Corporate Governance for the Twenty First Century. Washington D. C: The Brookings Institution, 1995

[22] Blanchard, Olivier and Andrei Shileifer. Federalism with and without Political Centralization: China versus Russia. NBER Working Paper, No. 7616, 2000

[23] Boardman, Anthony E & Vining, Aidan R. Ownership and Performance in Competitive Environments: A Comparison of the Performance of Private, Mixed, and State-Owned Enterprises. Journal of Law & Economics, 1989, vol. 32 (1), pp. 1 – 33

[24] Bos D. Recent Theories of Public Enterprise Economics. European Economic Review, 1988, Vol. 32, pp. 409 – 14

[25] Bozec, Yves and Laurin, Claude. Large Shareholder Entrenchment and Performance: Empirical Evidence from Canada. Journal of Business Finance & Accounting, 2007, Vol. 35 (2), pp. 25 – 49

[26] Braendle, Gasser, Tanja, et al. Corporate Governance in China: Is Economic Growth Potential Hindered by Guanxi? . Business and Society Review, 2005, Vol. 110 (4), pp. 389 – 405

[27] Brauer, M. , Schmidt, S. Exploring strategy implementation consistency over time: the moderating effects of industry velocity and firm performance. Journal of Management and Governance, 2006, Vol. 10, pp. 205 – 26

[28] Brickley, James. The takeover market corporate board composition and ownership structure: The case of banking. Journal of Law and Economics, 1987, Vol. 30, pp. 161 – 180

[29] Burgelman, R. A. A process model of strategic business exit – implications for an evolutionary perspective on strategy. Strategic Management Journal, 1996, Vol. 17, pp. 193 – 214

[30] Cadbury, A. Corporate Governance and Chairmanship: A Personnel View, New York: OxfordUniversity Press, 2002

[31] Cai, Hua " Will", Bonding. Law Enforcement and Corporate Governance in China. Stanford Journal of Law, Business and Finance, 2007, Vol. 13,

pp. 82 – 101

[32] Carpenter, M. , Westphal, J. The strategic context of external network ties: examining the impact of director appointments on board involvement in strategic decision making. Academy of Management Journal, 2001, Vol. 44, pp. 639 – 60

[33] Charlie Weir, David Laing, McKnight. Internal and External Governance Mechanisms: Their Impact on the Performance of Large UK Public Companies. Journal of Business Finance&Accounting, 2002, Vol. 29 (5 – 6), pp. 579 – 611

[34] Coles, J. , McWilliams, V. , Sen, N. An examination of the relationship between governance mechanisms to performance. Journal of Management, 2001, Vol. 27 (1), pp. 23 – 50

[35] Core, Holthausen, Larcker. corporate governance, chief executive officer compensation, and firm performance? Journal of Financial Economics, 1999, Vol. 51, pp. 371 – 406

[36] Cornforth, C. What makes boards effective? An examination of the relationships between board inputs, structures, processes and effectiveness in non – profit organizations. Corporate Governance: An International Review, 2001, Vol. 9 (3), pp. 217 – 27

[37] Cull, Xu. Who gets credit? The behaviour of bureaucrats and State banks in allocating credit to Chinese State-owned enterprises. Journal of Development Economics, 2003, Vol. 71, pp. 533 – 559

[38] Daily, C. M. , Dalton, D. R. , Cannella, A. A. Corporate governance: decades of dialogue and data. Academy of Management Review, 2003, Vol. 28, pp. 371 – 82

[39] Dalton, D. , Daily, C. , Johnson, J. , et al. Number of directors and financial performance: a meta-analysis. Academy of Management Journal, 1999, Vol. 42 (2), pp. 674 – 86

[40] David D Li. Insider control and the soft budget constraint: a simple theory. Economics Letters, 1998, vol. 61 (3), pp. 307 – 311

[41] Davis, J., Schoorman, F., Donaldson, L. Toward a stewardship theory of management. Academy of Management Review, 1997, Vol. 22 (1), pp. 20 – 47

[42] De Fraja, Delbono. Alternative strategies of a public Enterprise in oligopoly. oxford Economic paper, 1987, Vol. 41, pp. 302 – 311

[43] Demsetz, Harold. The Structure of Ownership and the Theory of the Firm. Journal of Law and Economics, 1983, Vol. 26, pp. 375 – 390

[44] Deutsch, Y., Keil, T., Laamanen, T. Decision-making in acquisitions: the effect of outside directors'compensation on acquisition patterns. Journal of Management, 2007, Vol. 33, pp. 30 – 56

[45] Diane K, Denis, McConnell. International Corporate Governance. The Journal of Financial and Quantitative Analysis, 2003, Vol. 38 (1), pp. 1 – 36

[46] Donald Clarke. Corporate governance in China: an overview. China Economic Review, 2003, Vol. 14, pp. 494 – 507

[47] Dulewicz, V., MacMillan, K., Herbert, P.. Appraising and developing the effectiveness of boards and their directors. Journal of General Management, 1995, Vol. 20 (3), pp. 1 – 19

[48] Erick Berglof, Patrick Bolton, Sergei Guriev, et al. Lowering the Cost of Capital in Emerging Market Economies. CEFIR Policy Paper series, 2007

[49] Fama, E.. Agency problems and the theory of the firm. Journal of Political Economy, 1980, Vol. 88 (2), pp. 288 – 307

[50] Fama, Jensen. Separation of ownership and control. Journal of Law and Economics, 1983, Vol. 26, pp. 301 – 325

[51] Fan, Wong, Zhang. Politically connected CEOs, corporate governance and Post-IPO performance of China's newly partially privatized firms. Journal of Financial Economics, 2007, Vol. 84, pp. 330 – 357

［52］ Fiegener, M. K. Determinants of board participation in the strategic decisions of small corporations. Entrepreneurship Theory and Practice, 2005, Vol. 9, pp. 627 – 50

［53］ Fields, D. Governance in permanent whitewater: the board's role in planning and implementing organizational change. Corporate Governance: An International Review, 2007, Vol. 15, pp. 334 – 44

［54］ Filatotchev, Wright, Mike, et al. Privatization, Insider Control and Managerial Entrenchment in Russia. Economics of Transition, 1999, Vol. 7 (2)

［55］ Finkelstein, S. , Mooney, A. . Not the usual suspects: how to use board process to make boards better. Academy of Management Executive, 2003, Vol. 17 (2), pp. 101 – 13

［56］ Firstenberg, P. , Malkiel, B. . The twenty-first century boardroom: who will be in charge? . Sloan Management Review, 1994, Vol. 36 (1), pp. 27 – 35

［57］ Forbes, D. , Milliken, F. . Cognition and corporate governance: understanding boards of directors as strategic decision-making groups. Academy of Management Review, 1999, Vol. 24 (3), pp. 489 – 505

［58］ Frye, Shleifer. The Invisible Hand and the Grabbing hand. American Economic Review, 1997, Vol. 87 (2), pp. 354 – 358

［59］ G. Chow. China's economic transformation. Princeton: PrincetonUniversity Press, 2003

［60］ Gillan, Laura T. The Evolution of Shareholder Activism in the United States. SSRN Working Paper, 2007

［61］ Gilson, Ronald, Gordon, et al. Controlling Controlling Shareholders. Columbia Law and Economics Working Paper, 2003, No. 228

［62］ Golden, B. , Zajac, E. When will boards influence strategy? Inclination X power = Strategic change. Strategic Management Journal, 2001, Vol. 22 pp. 1087 – 1111

［63］ Goodwin, Seow. Corporate governance in Singapore: perceptions of investors, directors and auditors. Accounting and Business Review, 2000, Vol. 7 (1), pp. 39 – 68

［64］ Gorton and Rosen. Corporate control, portfolio choice, and the decline of banking. Journal of Finance, 1995, Vol. 50, pp. 1377 – 1420

［65］ Harry Broadman. Lessons from corporatization and Corporate Governance Reform in Russia and China. World Bank Working Paper, 2003

［66］ Hendry, K. , Kiel, G. C. The role of the board in firm strategy: integrating agency and organizational control perspectives. Corporate Governance: An International Review, 2004, Vol. 12, pp. 500 – 520

［67］ Hermalin and Weisbach. Boards of directors as an endogenously determined institution: a survey of the economics literature. Economic Policy Review, 2003, Vol. 12, pp. 7 – 26

［68］ Hillman, A. J. , G. Nicholson & C. Shropshire. . Directors' multiple identities, identification, and board monitoring and resource provision. Organization Science, 2008, Vol. 19, pp. 441 – 458

［69］ Hillmann, A. J. , Dalziel, T. Boards of directors and firm performance: integrating agency and resource dependence perspectives. Academy of Management Review, 2003, Vol. 28 (3), pp. 383 – 396

［70］ Holderness, Clifford, and Dennis Sheehan. The role of majority shareholders in publicly held corporations: an exploratory analysis. Journal of Financial Economics, 1988, Vol. 20, pp. 317 – 346

［71］ Hovey, Martin T. Corporate Governance in China: An Analysis of Ownership Changes After the 1997 Announcement. SSRN Working Paper, 2005

［72］ Jensen and Meckling. Theory of the firm, managerial behavior. agency costs and ownership structure. Journal of Financial Economics, 1976, Vol. 3, pp. 305 – 360

［73］ Jensen. The Modern Industrial Revolution, Exit, and the Failure of Internal Control Systems. Journal of Finance, 1993, Vol. 48, pp. 831 – 880

[74] John Coffee Jr. Privatization And Corporate Governance: The Lessons From Securities Market Failure. Columbia Law School Center for Law and Economics Studies, Working Paper No. 158

[75] Johnson S, Boone P, Breach A, et al. Corporate governance in the Asian financial crisis. Journal of Financial Economics, 2000, Vol. 58, pp. 141 – 186

[76] Judge, W., Zeithaml, C.. Institutional and strategic choice perspectives on board involvement in the strategic decision process. Academy of Management Journal, 1992, Vol. 35 (4), pp. 766 – 94

[77] Kemp, S. In the driver's seat or rubber stamp? The role of the board in providing strategic guidance in Australian boardrooms. Management Decision, 2006, Vol. 44, pp. 56 – 73

[78] Klapper, Leora F & Love, Inessa. Corporate governance, investor protection, and performance in emerging markets. Journal of Corporate Finance, 2004, Vol. 10 (5), pp. 703 – 728

[79] Klein. Firm performance and board committee structure. Journal of Law and Economics, 1998 (41), pp. 275 – 303

[80] La Porta, Rafael, Florencio, et al. The Quality of Government. Journal of Law, Economics and Organization, 1999, Vol. 15, pp. 222 – 279

[81] La Porta, Shleifer. Corporate Ownership around the World. Journal of Finance, 1999, Vol. 52 (4), pp. 471 – 517

[82] Lawrence, Yingyi Qian, Gerard. Reform without Losers: An Interpretation of China's Dual-Track Approach to Transition. Journal of Political Economy, 2001, Vol. 108 (1), PP. 426 – 431

[83] Lay Hong Tan, JiangYu Wang. Modelling an Effective Corporate Governance System for China's Listed State-Owned Enterprises: Issues and Challenges in a Transitional Economy. Journal of Corporate Law Studies, 2007, Vol. 7 (1),

pp. 121 – 136

［84］ Lester, R. H. , A. Hillman, A. Zardkoohi & A. A. Cannella, Jr.. Former government officals as outside directors: The role of human and social capital. Academy of Management Journal, 2008, Vol. 51, pp. 999 – 1013

［85］ Letendre, L. The dynamics of the boardroom. Academy of Management Executive, 2004, Vol. 18 (1), pp. 101 – 104

［86］ Levine, Ross. Financial Development and Economic Growth: Views and Agenda. Journal of Economic Literature, 1997, Vol. 35 (2), pp. 688 – 726

［87］ Lin Justin Yifu, Guofu Tan. Policy Burdens, Accountability and the Soft Budget Constraint. The American Economic Review, 1999, Vol. 89, PP. 426 – 431

［88］ Lindseth, Peter L. , The Contradictions of Supranationalism: Administrative Governance and Constitutionalization in European Integration Since the 1950s. Loyola of Los Angeles Law Review. 2003, Vol. 37 (2), pp. 123 – 146

［89］ Lipton, Lorsch. A modest proposal for improved corporate governance. Business Lawyer, 1992 (59), pp. 59 – 77

［90］ Lixin Colin Xu, Tian Zhu, Yi – min Lin. Politician control, agency problems and ownership reform. Economics of Transition, 2005, Vol. 13 (1), pp. 1 – 24

［91］ Lorsch, J. , Khurana, R. . Changing leaders: the board's role in CEO succession. Harvard Business Review, 1999, Vol. 77 (3), pp. 96 – 105

［92］ Marek Gruszczynski. Corporate Governance and Financial Performance of Companies in Poland. International Advances in Economic Research, 2006, Vol. 12 (2), pp. 88 – 104

［93］ Maria Vagliasindi. Governance Arrangements for State Owned Enterprises. World Bank Policy Research Working Paper No. 4542, 2008

［94］ Martin Hovey, Tony Naughton. A Survey of Enterprise Reforms in China: The Way Forward. Economic Systems, 2007, Vol. 31 (2): 105 – 117

[95] Mattlin, Mikael. The Chinese Government's New Approach to Owner-ship and Financial Control of Strategic State-Owned Enterprises. BOFIT Discussion Paper, 2007

[96] Maxim Boycko, Andrei Shleifer, Robert W. Vishny. A Theory of Priva-tisation. The Economic Journal, 1996, Vol. 106 (435), PP. 309 – 319

[97] Megginson, Netter. From state to market: a survey of empirical studies on privatisation. Journal of Economic Literature, 2001, Vol. 39, pp. 321 – 89

[98] Mehran. Executive Compensation Structure, Ownership and Firm Per-formance. Journal of Financial Economics, 1995, Vol. 38 (2), pp. 163 – 184

[99] Mesnard. Corporate Governance of State-Owned Assets in OECD coun-tries. Journal of Economic Literature, 2004, Vol. 39 (3), pp. 771 – 99

[100] Mike Burkart, Denis Gromb, Fausto Panunzi. Large Shareholders, Monitoring, and the Value of the Firm. Quarterly Journal of Economics, 1997, Vol. 112 (3), pp. 693 – 728

[101] Milton Harris, Artur Raviv. Control of Corporate Decisions: Share-holders vs Management. Chicago GSB Working Paper, 2007

[102] Mizruchi, M.. Who controls whom? An examination of the relationship between management and boards of directors in large American corpora-tions. Academy of Management Review, 1983, Vol. 8 (3), pp. 426 – 35.

[103] Monks, R., Minow, N.. Corporate Governance, Malden: Black-well Publishers, 2004

[104] Nicholson, G. J., Kiel, G. C. A framework for diagnosing board ef-fectiveness. Corporate Governance: An International Review, 2004, Vol. 12, pp. 442 – 60

[105] Niskanen William A. Bureaucrats and Politicians. Journal of Law and Economics, 1975, Vol. 18, pp. 617 – 44

[106] On Kit Tam, Monica Guo-Sze Tan. Ownership, Governance and Firm Performance in Malaysia. Corporate Governance: An International Review, 2007,

Vol. 15 (2), pp. 208 – 222

[107] Ong, C.-H., Lee, S.-H.. Board functions and firm performance: a review and directions for future research. Journal of Comparative International Management, 2001, Vol. 3 (1), pp. 3 – 24

[108] Pearce, Zahra. Board composition from a strategic contingency perspective. Journal of Management Studies, 1992, Vol. 29, pp. 411 – 438

[109] Phan, P.. Effective corporate governance in Singapore: another look. Singapore Management Review, 1998, Vol. 20 (2), pp. 43 – 61

[110] Pistor, Katharina and Xu, Cheng-Gang. Governing emerging stock markets: legal vs administrative governance. Corporate governance: an international review, 2005, Vol. 13 (1), pp. 5 – 10

[111] Poletti Hughes, Jannine. Ultimate Control and Corporate Value: Evidence from the UK. Financial Reporting, Regulation and Governance, 2005, Vol. 4 (2)

[112] Provan, J.. Board power and organizational effectiveness among human service agencies. Academy of Management Journal, 1980, Vol. 23 (2), pp. 221 – 36

[113] Pye, A. J., Pettigrew, A. M. Studying board context, process and dynamics: some challenges for the future. British Journal for Management, 2005, Vol. 16, pp. 27 – 38

[114] Randall Morck, Daniel Wolfenzon, Bernard Yeung. Corporate Governance, Economic Entrenchment and Growth. NBER Working Paper, 2004, No. 10692

[115] Ravasi, D., Zattoni, A. Exploring the political side of board involvement in strategy: a study of mixed-ownership institutions. Journal of Management Studies, 2006, Vol. 43, pp. 1671 – 1702

[116] Rediker, Seth. Boards of Directors and Substitution Effects of Alternative Governance Mechanisms. Strategic Management Journal, 1995, Vol. 16 (2),

pp. 85 – 99

［117］ Rees R. Inefficieny, Public Enterprise and Privatization. European Economic Review, 1988, Vol. 32, pp. 422 – 31

［118］ Rindova, V. P. What corporate boards have to do with strategy: a cognitive perspective. Journal of Management Studies, 1999, Vol. 36 （7）, pp. 953 – 75

［119］ Roberto Cafferata. Italian State-owned Holdings: Privatization and the Single Market. Annals of Public and Cooperative Economics, 1995, Vol. 66 （4）, pp. 401 – 429

［120］ Roberts, J. T. , McNulty, T. , Stiles, P. Beyond agency conceptions of the work of the non-executive director: creating accountability in the boardroom. British Journal of Management, 2005, Vol. 16, pp. 5 – 26

［121］ Robin G. Milne, Ben Torsney. The Efficiency of Administrative Governance: The Experience of the Pre-reform British National Health Service. Journal of Comparative Economics, 1997, Vol. 24 （2）, pp. 161 – 180

［122］ Rosenstein, Wyatt. Outsider directors, board independence and stockholder wealth. Journal of Financial Economics, 1990, Vol. 26, pp. 175 – 191

［123］ Ruigrok, W. , Peck, S. , Keller, H. Board characteristics and involvement in strategic decision-making: evidence from Swiss companies. Journal of Management Studies, 2006, Vol. 43, pp. 1201 – 1226

［124］ Schipani, Liu. Corporate governance in China: Then and now. Columbia. Business Law Review, 2002, Vol. pp. 1 – 69

［125］ Shi, Drake. Corporate Governance with Chinese Characteristics. China Business Review, 2002, Vol. 29 （5）. pp. 40 – 45

［126］ Shirley, Walsh, Patrick Maurice. Public vs Private Ownership: The Current State of the Debate. World Bank Policy Research Working Paper, 2001, No. 2420

［127］ Shleifer, A. , Vishny, R. A survey of corporate governance. Journal of Finance, 1997, Vol. 52 (2), pp. 737 – 783

[128] Shleifer, Andrei, Robert Vishny. Large Shareholders and Corporate Control. The Journal of Political Economy, 1986, Vol. 94, pp. 461 – 488

[129] Shleifer, Vishny. The Politics of Market Socialism. Journal of Economic Perspectives, 1994, Vol. 8 (2), pp. 165 – 176

[130] Song, Saw Imm, Ali, et al. Effects of the Largest Shareholder Stakes on Malaysian Acquiring Firms′Performance, SSRN Working Paper, 2007

[131] Sonnenfeld, J. Good governance and the misleading myth of bad metrics. Academy of Management Executive, 2002, Vol. 18 (1), pp. 106 – 113

[132] Sonnenfeld, J. What makes great boards great. Harvard Business Review, 2004, Vol. 80 (9), pp. 106 – 13

[133] Spanos, Loukas, Papoulias, et al. Corporate Governance as an Instrument of Change State Owned Companies: The Case of the Hellenic Telecommunications Organization. University of Athens Economics Working Paper, 2005

[134] Spivey Stephen. Corporate governance and the role of government. International Journal of Disclosure and Governance, 2004, Vol. (1), pp. 307 – 312

[135] Stewart, G. , Barrick, M. . Team structure and performance: assessing the mediating role of intrateam process and the moderating role of task type. Academy of Management Journal, 2000, Vol. 43 (2), pp. 135 – 48

[136] Stijn Claessens, Joseph P. H. Fan. Corporate Governance in Asia: A Survey. International Review of Finance, 2002, Vol. 3 (2), pp. 71 – 103

[137] Stijn Claessens, Simeon Djankov, Larry HP Lang. The separation of ownership and control in East Asian Corporations. Journal of Financial Economics, 2000, Vol. 58 (1 – 2), pp. 81 – 112

[138] Stiles, P. , Taylor, B. Boards at Work: How Directors View their Roles and Responsibilities. New York: OxfordUniversity Press, 2001

[139] Su Yiyi, Xu, Dean and Phan Phillip H. Principal-Principal Conflict in

the Governance of the Chinese Public Corporation. Management and Organization Review, Vol. 4 (1), pp. 17 – 38

[140] Sundaramurthy, C., Lewis, M.. Control and collaboration: paradoxes of governance. Academy of Management Review, 2003, Vol. 28 (3), pp. 397 – 415

[141] Sundaramurthy, C., Lewis, M. Control and collaboration: paradoxes of governance. Academy of Management Review, 2003, Vol. 28, pp. 397 – 415

[142] Taylor, Morris. Public Administrative Governance: Balancing Efficiency In a political legal environment. Paper presented at the annual meeting of the The Midwest Political Science Association, Palmer House Hilton, Chicago, Illinois, Apr 15, 2004

[143] Tihanyi, L., Johnson, R., Hoskisson, R. et al. Institutional ownership differences and international diversification: the effects of boards of directors and technological opportunity. Academy of Management Journal, 2003, Vol. 46, pp. 195 – 211

[144] Useem, M. Corporate governance is directors making decisions: reforming the outward foundations for inside decision-making. Journal of Management and Governance, 2003, Vol. 7, pp. 241 – 253

[145] Vafeas. Board meeting frequency and firm performance. Journal of Financial Economics, 1999, Vol. 53, 113 – 42

[146] Westphal, J. D. Collaboration in the boardroom: the consequences of social ties in the CEO/board relationship. Academy of Management Journal, 1999, Vol. 42, pp. 7 – 24

[147] Westphal, J. D., Fredrickson, J. W. Who directs strategic change? Director experience, the selection of new CEOs, and change in corporate strategy. Strategic Management Journal, 2001, Vol. 22, pp. 1113 – 1137

[148] William Mako, Chunlin Zhang. Management of China's State-Owned Enterprises Portfolio: Lessons from International Experience. World Bank Working

Paper, 2003

[149] Wong, Simon C. Y. , Improving Corporate Governance in SOEs: An Integrated Approach. Corporate Governance International, 2004, Vol. 7 (2), 86 - 107

[150] Y Kang, L Shi, E Brown. Chinese Corporate Governance: History and Institutional Framework. RAND Working Paper, 2008

[151] Yeh Yin Hua. Do Controlling Shareholders Enhance Corporate Value?. Corporate Governance: An International Review, 2005, Vol. 13, No. 2, pp. 313 - 325

[152] Yermack. Higher market valuation of companies with a small board of directors. Journal of Financial Economics, 1996 (40), pp. 185 - 211

[153] Yingyi Qian. The Process of China's Market Transition (1978 - 98): The Evolutionary, Historical, and Comparative Perspectives. Journal of Institutional and Theoretical Economics, 2000

[154] Yoshikawa, T. , Phan, P. The effects of ownership and capital structure on board composition and strategic diversification in Japanese corporations. Corporate Governance: An International Review, 2005, Vol. 13, pp. 303 - 312

[155] Yuan Ding, Hua Zhang, Junxi Zhang. Private vs State Ownership and Earnings Management: evidence from Chinese listed Companies. Corporate Governance: An International Review, 2007, Vol. 15 (2), 223 - 238

[156] Zwiebel. Block investment and partial benefits of corporate control. Review of Economic Studies, 1995, Vol. 62, pp. 161 - 185

附 录

中央企业控股上市公司名录①

中央企业	控股上市公司数量	上市公司代码	上市公司简称
鞍山钢铁集团公司	1	000898	鞍钢股份
宝钢集团有限公司	3	600019	宝钢股份
		600581	八一钢铁
		600845	宝信软件
北京矿冶研究总院	1	600980	北矿磁材
北京有色金属研究总院	1	600206	有研硅股
彩虹集团公司	1	600707	彩虹股份
长沙矿冶研究院	1	600390	金瑞科技
电信科学技术研究院	2	000851	高鸿股份
		600198	ST 大唐
东风汽车公司	2	600006	东风汽车
		600081	东风科技

---

① 该名录仅包括在沪、深两市 A 股上市的中央企业控股上市公司，时间截止到 2007
年 12 月 31 日。

中央企业	控股上市公司数量	上市公司代码	上市公司简称
国家电网公司	4	600101	明星电力
		600131	岷江水电
		600406	国电南瑞
		600644	乐山电力
国家开发投资公司	4	600061	中纺投资
		600886	国投电力
		600962	国投中鲁
		601918	国投新集
哈尔滨电站设备集团公司	1	000922	*ST 阿继
华诚投资管理有限公司	1	600448	华纺股份
华侨城集团公司	3	000016	深康佳 A
		000018	ST 中冠 A
		000069	华侨城 A
华润（集团）有限公司	10	000002	万科 A
		000423	东阿阿胶
		000810	华润锦华
		600055	万东医疗
		600062	双鹤药业
		600094	*ST 华源
		600656	S*ST 源药
		600757	ST 源发
		600849	上海医药
		600893	S 吉生化
煤炭科学研究总院	1	600582	天地科技

续表

中央企业	控股上市公司数量	上市公司代码	上市公司简称
攀枝花钢铁（集团）公司	3	000515	攀渝钛业
		000569	*ST 长钢
		000629	攀钢钢钒
三九企业集团	1	000999	S 三九
上海医药工业研究院	1	600420	现代制药
神华集团有限责任公司	1	601088	中国神华
武汉钢铁（集团）公司	1	600005	武钢股份
武汉邮电科学研究院	1	600498	烽火通信
新兴铸管集团有限公司	1	000778	新兴铸管
招商局集团有限公司	4	000022	深赤湾 A
		000024	招商地产
		000916	华北高速
		601872	招商轮船
中国保利集团公司	1	600048	保利地产
中国兵器工业集团公司	9	000059	辽通化工
		000065	北方国际
		600148	长春一东
		600184	新华光
		600262	北方股份
		600435	中兵光电
		600480	凌云股份
		600495	晋西车轴
		600967	北方创业

续表

中央企业	控股上市公司数量	上市公司代码	上市公司简称
中国兵器装备集团公司	4	000550	江铃汽车
		000625	长安汽车
		000710	天兴仪表
		600877	中国嘉陵
中国长江航运（集团）总公司	2	000520	长航凤凰
		600087	长航油运
中国长江三峡工程开发总公司	1	600900	长江电力
中国成套设备进出口（集团）总公司	1	000151	中成股份
中国诚通控股公司	1	600787	中储股份
中国船舶工业集团公司	3	600072	中船股份
		600150	中国船舶
		600685	广船国际
中国船舶重工集团公司	1	600482	风帆股份
中国大唐集团公司	3	600236	桂冠电力
		600744	华银电力
		601991	大唐发电
中国第一汽车集团公司	3	000800	一汽轿车
		000927	一汽夏利
		600742	一汽四环
中国电力投资集团公司	4	000767	漳泽电力
		000875	吉电股份
		600021	上海电力
		600292	九龙电力

中央企业	控股上市公司数量	上市公司代码	上市公司简称
中国电子科技集团公司	2	600850	华东电脑
		600990	四创电子
中国电子信息产业集团公司	9	000021	长城开发
		000032	深桑达 A
		000066	长城电脑
		000727	华东科技
		000748	长城信息
		600057	*ST 夏新
		600171	上海贝岭
		600536	中国软件
		600764	中电广通
中国东方电气集团公司	1	600875	东方电气
中国东方航空集团公司	1	600115	东方航空
中国对外贸易运输（集团）总公司	1	600270	外运发展
中国房地产开发集团公司	1	600890	ST 中房
中国钢研科技集团公司	2	000969	安泰科技
		600560	金自天正
中国葛洲坝集团公司	1	600068	葛洲坝
中国国电集团公司	2	000966	长源电力
		600795	国电电力
中国国旅集团公司	1	600358	国旅联合
中国海洋石油总公司	2	600583	海油工程
		601808	中海油服

中央企业	控股上市公司数量	上市公司代码	上市公司简称
中国海运（集团）总公司	3	600026	中海发展
		600896	中海海盛
		601866	中海集运
中国航空工业第二集团公司	6	000738	ST 宇航
		600038	哈飞股份
		600178	东安动力
		600316	洪都航空
		600372	＊ST 昌河
		600391	成发科技
中国航空工业第一集团公司	6	000026	飞亚达 A
		000043	中航地产
		000050	深天马 A
		000768	西飞国际
		600523	贵航股份
		600765	力源液压
中国航空集团公司	1	601111	中国国航
中国航天科工集团公司	5	000901	航天科技
		600271	航天信息
		600501	航天晨光
		600677	航天通信
		600855	航天长峰

中央企业	控股上市公司数量	上市公司代码	上市公司简称
中国航天科技集团公司	5	000063	中兴通讯
		600118	中国卫星
		600151	航天机电
		600343	航天动力
		600879	火箭股份
中国核工业集团公司	1	000777	中核科技
中国恒天集团公司	1	000666	经纬纺机
中国华电集团公司	3	600027	华电国际
		600268	国电南自
		600726	华电能源
中国华孚贸易发展集团公司	1	000799	S＊ST 酒鬼
中国华能集团公司	2	600011	华能国际
		600863	内蒙华电
中国华星集团公司	1	600892	S＊ST 湖科
中国化工集团公司	10	000553	沙隆达
		000598	蓝星清洗
		000698	沈阳化工
		000953	河池化工
		600179	黑化股份
		600230	沧州大化
		600299	蓝星新材
		600378	天科股份
		600469	风神股份
		600579	＊ST 黄海
中国黄金集团公司	1	600489	中金黄金

中央企业	控股上市公司数量	上市公司代码	上市公司简称
中国机械工业集团公司	3	600099	林海股份
		600335	鼎盛天工
		600710	常林股份
中国建筑材料集团公司	3	000786	北新建材
		600176	中国玻纤
		600876	洛阳玻璃
中国交通建设集团有限公司	2	600263	路桥建设
		600320	振华港机
中国乐凯胶片集团公司	1	600135	乐凯胶片
中国联合通信有限公司	1	600050	中国联通
中国粮油食品（集团）有限公司	3	000031	中粮地产
		000930	丰原生化
		600737	中粮屯河
中国铝业公司	3	000612	焦作万方
		600456	宝钛股份
		601600	中国铝业
中国南方电网有限责任公司	1	600995	文山电力
中国南方航空集团公司	1	600029	南方航空
中国南方机车车辆工业集团公司	2	000920	＊ST 汇通
		600458	时代新材
中国农垦（集团）总公司	1	600313	ST 中农
中国农业发展集团总公司	2	000798	中水渔业
		600195	中牧股份
中国普天信息产业集团公司	2	600680	上海普天
		600776	东方通信

中央企业	控股上市公司数量	上市公司代码	上市公司简称
中国生物技术集团公司	1	600161	天坛生物
中国石油化工集团公司	8	000554	泰山石油
		000668	S武石油
		000731	四川美丰
		000819	岳阳兴长
		000852	江钻股份
		600028	中国石化
		600688	S上石化
		600871	S仪化
中国石油天然气集团公司	5	000617	石油济柴
		000985	大庆华科
		600546	中油化建
		600593	大连圣亚
		601857	中国石油
中国铁路工程总公司	2	600528	中铁二局
		601390	中国中铁
中国通用技术（集团）控股有限责任公司	1	600056	中国医药
中国卫星通信集团公司	1	600640	中卫国脉
中国五矿集团公司	1	600058	五矿发展
中国盐业总公司	1	600328	兰太实业
中国冶金科工集团公司	1	000815	美利纸业
中国医药集团总公司	2	000028	一致药业
		600511	国药股份
中国有色矿业集团有限公司	1	000758	中色股份

中央企业	控股上市公司数量	上市公司代码	上市公司简称
中国远洋运输（集团）总公司	3	000039	中集集团
		600428	中远航运
		601919	中国远洋
中国中材集团公司	3	000877	天山股份
		600449	赛马实业
		600970	中材国际
中国中钢集团公司	1	000928	ST 吉炭
中国中化集团公司	1	600500	中化国际
中国中煤能源集团公司	2	000968	煤气化
		600508	上海能源

后　记

从 20 世纪 90 年代远在美国资本市场的安然事件，到近期刚刚尘埃落定发生在中国资本市场的"宝万之争"，公司治理对社会经济活动和企业行为的影响日益深刻，公司治理也从王谢堂前燕式的专业术语变成了寻常百姓茶余饭后的谈资。公司治理事件的发生吸引了监管机构、社会公众特别是资本市场投资者的眼球，推动了公司治理常识的普及，股东会、董事会、监事会、委托代理、合伙制、股权激励、敌意收购……不再是陌生词汇。然而，公司治理很多时候还是像一个黑匣子，许多公司知道它的重要，模仿它的结构，但不知道它是否发挥作用以及作用发挥的好坏，提升治理效能成为我国公司治理转型进入新阶段后需要关注的重点。

对董事会治理有效性的研究始于我在南开大学攻读博士学位期间，我的老师李维安教授带领团队开发了有中国上市公司治理状况"晴雨表"之称的中国上市公司治理指数，每年对中国上市公司治理状况开展大样本评价并连续公开发布，我负责其中核心的董事会治理指数，对中国上市公司董事会治理状况进行评价分析，发现并提出了公司治理的"天花板现象"，进而转向对董事会治理有效性的关注。后来，因为连续参加了国务院国资委组织的中央国有独资公司董事会建设、中央国有独资公司领导班子及成员评价、中央企业控股上市公司治理评价研究等一系列研究课题，对中央企业在整个国民经济中的地位和作用有了一个比较深入的认识，又恰逢中央企业董事会试点改革刚刚开始实施，学术界、企业界对中央企业董事会治理的有效性还存在一些不同意见，这方面的系统性研究也比较少见，基于对公司治理重大现实问题的回应，我对公司治理问题的关注逐渐聚焦到中央企业控股上市公司董事会治理有效性的研究。当初选择中央企业控股上市公司董事会治理有效性作为研究主题，更多地是出于一种研究性的判断，实事求是地讲，当时对该选题的重大理论和实践意义的认识远远没有今天这么深刻。几年过去了，国有企业公司治理改革不断深化，大多数中央企业都建立了董事会并且上市公司在整体资产中所占比例不断增加，中央企业控股上市公司董事会治理有效性这个研究主题的重大现实意义更加突出。

本研究的一个主要成果是从公司财务行为视角验证了中央企业控股上市公司董事会治理的有效性，具体表现为良好的董事会治理能够有效抑制企业过度投资和超额现金持有，提升了企业投资决策科学性水平和财务资源配置效率。尽管得出了一些有意义的研究结论，但这也只是验证董事会治理有效性的一个学术视角，把研究结果转化为董事会治理的实践应用还有一定距离。接下来一项很有意义的工作是构建一套适应中央企业特点、具有可操作性的关键董事会治理改善指标体系（KBGI, Key Board Governance Indicator），实现理论研究与实践应用的结合，也许这会成为中央企业董事会治理的一个实践性创新成果。我最殷切的希望就是，在本书的阅读者中，有一位或几位能够从更多、更广泛的视角验证中央企业控股上市公司董事会治理的有效性，并且能够在我提出 KBGI 这个开放性概念的基础上，将对该董事会治理工具的实践探索向前推进一步。

从深化国有企业改革的路径看，未来一段时间对中央企业公司治理特别是董事会治理的研究仍然具有极其重要的理论与现实意义，进一步的深入研究要充分认识到中央企业发展环境的变化对董事会治理的影响，除了大数据、云计算、移动互联网、人工智能等这些技术进步因素带来的变化，还要把握好政策环境因素带来的变化，特别是新时期党中央"四个全面"战略布局确立后，国有企业改革全面深化，习近平总书记在全国国有企业党的建设工作会议上提出"两个一以贯之"的战略思想，强调把加强党的领导和完善公司治理统一起来，明确国有企业党组织在公司法人治理结构中的法定地位，确保党的领导落实到国有企业改革发展全过程，这是进一步深化研究国有企业公司治理问题最重要的制度背景和前提条件，也为探索建立国有企业公司治理的中国模式指明了方向。脱离开或刻意回避这些制度环境因素的研究或实践探索，就如无本之木，不会有生命力。

回到问题的原点，公司治理是现代企业制度的核心，是实现企业永续发展的根本性制度安排，做强做优做大国有企业必须以公司治理体系和治理能力现代化科学化为保障，这已经成为了普遍共识，但真正做到这一点我们还有一段路要走，推动建设伟大高效的董事会无疑是走好这段路的关键所在。

最后要说明的是，作为一项研究成果，束之高阁未尝不可，但在知识共享时代如果能够发挥其可能带来的一些正外部性，给这本书的阅读者带来一些深入思考和启发，是我当初研究这个问题并付梓出版的初心。当然，由于个人认识的局限性甚至偏颇，一定会有许多不完善不准确之处，甚至不排除会存在一些低级错误，希望能引发您对该研究成果的批判，在更大范围与大家分享不同的看法和观点，为中央企业及控股上市公司治理有效性的提升提出更有价值的建议。

致　谢

作为一名曾经的大学教师，虽然一直有"立言"的追求和梦想，但把研究成果公开出版还是经历了一个积累勇气的漫长过程，总觉得研究中尚有太多不足之处。到企业工作以后，一直忙于实务性工作，鲜有时间对以前的研究继续深入思考，所幸工作内容一直和公司治理有关联。《中共中央、国务院关于深化国有企业改革的指导意见》下发以后，公司治理成为了国有企业改革的核心之一，中央企业又是改革的风向标，联想到我以前对中央企业控股上市公司董事会治理有效性的研究，觉得其中一些研究内容和结论还是有一定的参考价值。终于，下定决心把有关研究成果出版，希望能对关注和从事相关工作的人士有所启发。

首先，感谢我的授业恩师李维安教授，多年来他一直专注于公司治理领域的研究，对中国公司治理研究和实践产生了重要影响，也引领我进入了公司治理研究的大门，从最初的公司治理研究文献研读、研究主题选定到研究方法、研究结论的完善，一直给予我莫大的鼓励、支持和指导。在开展本研究的过程中，南开大学程新生、杨斌、林润辉、马连福、李建标、武立东、袁庆宏、薛有志、周建以及中国社科院李海舰等诸位教授都曾给予指导，提出了许多建设性的意见，对完善研究大有裨益。高永岗、吴德胜、杨长志、姜彭、姜涛、牛建波、吕斐适、李晓义、郝臣、陈德球等学友与我分享了大量的信息和观点，并就其中一些内容提出了建议。此外，在国务院国资委国有独资公司董事会建设等课题研究过程中也得到了课题组成员的很多启发。

对此，一并表示由衷的感谢。

到企业工作后，感谢许兴洲、孙劲飙、徐凤刚、田景奇等领导同事对我工作的支持、信任和启发，让我有机会能够更多地参与中央企业公司治理实务，并就一些问题坦诚地与我进行交流探讨，更为难得地是我有机会执笔起草中国国电集团有限公司章程以及董事会专业委员会的一些议事规则，深化了对中央企业公司治理的认识。同时，也非常感谢我所在的单位中国国电集团公司对我的信任和培养，2016 年 10 月我到国电谏壁发电厂挂职担任党委委员、副厂长，更深入地了解了基层企业的治理模式和运营流程，组织参与了谏壁发电厂的公司制改制工作，感谢武俊、张世山、邵家林、莫建益、雍建强等领导同事对我的关心支持，感谢徐琳从财务专业视角对进一步优化研究中有关财务指标提出的建议，正是这些帮助让我能够在挂职工作之余安心考虑本书的完善出版工作。特别要感谢人民日报出版社梁雪云老师，帮助我高效率地完成了本书的编辑出版，向她的专业精神和职业素养表示由衷敬佩。

最后，我要感谢家人的爱与支持，特别是女儿的不断成长进步让我欣喜，他们是我坚持不断前行的持久动力。谨以此书作为献给他们的礼物。